아모르 파티

이정원 시집

상상인 시인선 *060*

•본문 페이지에서 한 연이 첫 번째 행에서 시작될 때에는 〈 표기를 합니다.
•저자의 의도에 따라 작품의 보조 동사와 합성 명사는 띄어쓰기가 달라질 수 있습니다.

아모르
파티

시인의 말

중졸 학력을 안고
서울로 올라왔다
부딪치고
찢어지고
넘어졌다

그래서
버둥댔다

해 질 무렵
그 대가로
시집 한 권을 얻었다

2024년 9월
이정원

차례

1부 생존, 피케티의 법칙

스위치	19
피케티의 법칙 1	20
공원	22
색즉시공	24
구겨지는 것들	26
우두커니 1	28
서정시 애가	29
행복서점	30
상자적 생각	32
아, 시	34
편지 1	36
편지 2	37
편지 3	39
내 안에는 그림자가 살고 있다	41
소	42
시집詩集	44

2부 운명, 아모르파티

나 그리고 ego	47
아모르파티|amor fati	48
신발의 재발견	50
폐교	52
허물	54
바지	56
마지막 데이트	58
가설극장	59
기시감	60
김 씨, 시추선에 서다	61
도시관 가오스	64
기억감옥	65
목련이 필 때	68
콘센트	69
맹렬한 지독	70
폼페이 그리고 폼페이	72
우두커니 2	74

3부 존재, 메멘토 모리

연	77
메멘토 모리 memento mori	78
시간을 요리하다	80
시간을 걷다	82
관	84
파묘 1	86
파묘 2	87
문상	89
반지하 시퀀스	90
죽음의 등급	92
여로	93
황혼	94
화석話石	95
보내고 나서야	96
타투	98
눈사람	100
한치	101

4부 진화, AI와 함께 춤을

탈	105
디스토피아	108
메타버스 미러링	110
테라포밍	112
진화의 종말	114
메타버스, 이십 대	116
지구를 굴리는 난쟁이	118
나비와 꿈	120
피케티의 법칙 2	123
상자의 집	124

해설 _ 시로 쓴 자서전, 혹은 상처와 고통의 향연 127
    — 이정원 시인의 시세계

황치복(문학평론가)

1부

생존, 피케티의 법칙

스위치

해고 통보를 받자 스위치가 내려졌다
안면 회로는 오작동되며 실실 웃어댔고
입에선 모스 부호가 불규칙적으로 튀어나왔다
구급차는 끝내 오지 않았고

안흥항 그믐달이 겨울 찬바람에 몸을 열었다
선술집 30촉짜리 전구는 어둠 속에서 흔들거렸고
소주잔은 빠르게 스파크를 일으켰다
심장 속 오류를 씻어내려 분주했지만
짐승 같은 울부짖음을 토해내다
술상에 고꾸라진 채
화석이 되었다

그해 겨울
어머니는 흑갈색 오줌을 누기 시작했고
스위치는 밤새 온오프를 반복하다
마침내 퍽하고 내려졌다

* 1982.12.31. 신군부 독재정권에 의해 국방과학연구소(ADD) 연구원 팔백여 명은 들풀처럼 쓰러졌다.

피케티의 법칙[*] 1

느그 할배가 중핵교는 가르치려 했는디

세상사 뜻대로 되간디, 초등핵교 마치고 고향 떠나 대처로 와서 안 해본 것 없이 살지 않혔냐, 신문 배달, 학교 소사, 연탄 배달, 공사판 잡부, 중국집 배달원… 소설 몇 권은 쓰고도 남을 거다 그려도 느그 엄마 만나 시장통에서 통닭 장사할 때가 찰졌어야 느그 엄니가 교통사고만 안 당혔어도, 그때 놀러 가지 말았어야 했는디 말여 새똥 빠지게 난생처음 가족끼리 놀러 간다고 봉고를 왜 대절했는지 모르겠어야, 떼거리로 저승 가면 염라대왕이 봉고 타고 왔냐고 물어본다는 우스갯소리가 유행했는디 말여, 그려도 천행으로 엄마만 당하고 다들 무사했어야, 니들 엄마가 우리 몫까지 혼자 뒤집어 쓴 거여, 느그 엄마 보내고 나서 나가 정신을 못 차려야, 가족사진을 보면서 맨날 울어야, 느그 형제 셋, 며느리 둘, 손주 여섯, 엄마와 나, 합 열세 명이 단체로 찍은 가족사진 속에서 어설피 웃는 느그 엄마 모습이 짠혀서 미칠 것 같혀야, 얼마 전부터 중얼거리는 버릇이 생겼당께, 나는 그려도 복 받은 거여, 찐 복 받은 거랑께, 끝없이 씨부랑거린당께, 그렇게라도 안 하면 가슴이 시려서 못 견뎌야, 첫째야 너무 상심허

지 말거라 살다 보면 별일 다 겪는 것이여 견디다 보면 좋은 날이 올 거여, 둘째야 혼자 자석들 셋이나 키우기가 힘들지야 어쩌겠냐 니 짐이니 니가 지고 가야지, 셋째야 새애기헌티 잘허그라 그려도 둘이 살아야 혀, 개똥밭에 굴러도 이생이 좋다는디 개고생하고 저세상 간다는디 왜 섭섭함이 없긋냐만은, 애비도 깜냥 잘 살다가 가는 걸로 치부하고 갈란다 좌우당간,

야들아 미안허다잉 고생만 물려줘서

* 경제적 양극화를 설명할 수 있는 경제이론.

공원

파동은 중력의 법칙에 의할까
상대성이론의 지배를 받을까
누군가의 마음 하나가 폭발하여 여기까지 도래했다는데
심장이 멈출 듯한 순간, 진동이 느껴지기도 합니다

공원에서는 검은 돌과 흰 돌이 격돌을 합니다
파동 속에서
타협도 없이

떨어지는 나뭇잎을 세며 걷고 있습니다

껍딱지를 밟았습니다
버려지는 것들,
재생의 가능을 상상해 봐요

여기서 매일 만났던 이 씨는 공무원연금 수령에 재취업까지 되었다는데요
'교차로'에는 수많은 일자리가 교차하고 있습니다만
방향들은 차이를 드러냅니다
〈

비둘기 떼는 군집과 고독 사이에서 하루를 보내고 있네요
비상과 착지에는 각자가 쌓아 올린 삶의 파동이 작용하는 듯합니다

공원의 오전 11시는 그렇게 한가합니다
벤치에는 많은 사연이 앉았다 가고
사연은 과거가 남긴 파동으로 남겨지길 거부합니다

무료배식 시간이 되면 공복의 파동을 불러옵니다
배식 줄이 한 클록씩 줄어들 때마다
얼굴에는 천 갈래의 파문이 번지기 시작합니다
무료 때문만은 아닙니다
그저 먹는 것 앞에서 생존이 입을 벌렸을 뿐입니다
누군가 슬쩍 새치기를 하고 싸움이 벌어집니다

어디서 폰이 울리는 듯합니다
폰이 울리고 있습니다

색즉시공

1.
날마다 팔레트에 물감을 섞는다
비가 오는 날에는 블루와 레드를,
귀에서 이명이 들리는 날에는 그린과 블루를 섞는다
기억이 임계점을 향해 달려갈 때는
블루와 그린과 레드가 한꺼번에 섞여 백색이 되기도 한다

거울 앞에 선 물체의 색은 같은 방향을 유지한다
마이크로폰이 처음 목소리를 이탈하지 않는 것처럼

그런데
안과 밖을 나누는 경계는 색만이 아니다
음성이 벽에 부딪쳐
난반사되다
블루로 변하기도
블랙으로 변하기도 한다

어떤 마음들은 부딪치다가
블랙아웃 되기도 했다

2.
어둠이 오면 색의 경계가 사라지고 너머의 광장으로 걸어갈 수 있을 것 같기도 하다

창밖 어둠 속에
익숙한 얼굴이 어제처럼 다가온다
지나간 기억들은 무슨 색일까
나만의 방식으로 색을 정의할 수 있을까

그리움에는 또 무슨 색을 칠해 놓을까
핑크, 레드, 그린, 블루, 옐로, 화이트, 블랙…
그대로 놓아둘까
도화지를 찢어 버릴까
점점 줄어드는 나의 여백에
점점 넓어지는 너의 부재에

3.
검은색 새 한 마리가 허공으로 날아간다
찰나에서 찰나로

* 공직문학상 수상작.

구겨지는 것들

구겨진 우유팩 하나가 13층 창 너머로 던져진다
소리 없이, 표정 없이 떨어지다 소리와 표정을 갖는다
콘크리트 바닥을 흩뿌려진 소의 마지막,
대관령 목장의 초원을 그리워했을까
불어오는 바람에 기우뚱한다
나도 한때는 바람을 되새김질했다는 듯

버려진 것은 우유팩만이 아니었다
이제 갓 명퇴를 한 그가
단지 앞 횡단보도를 건너 김밥천국에 들어간다
3천 원짜리 김밥 세 줄을 주문한다
한 줄은 먹고, 두 줄은 가방에 넣고,
빈 병을 꺼내 물을 채운다,
아침을 얻어먹은 지 오래
바로 옆 거묵마트에 들러 참이슬 4홉들이 1병과 우유 팩을 산다

참좋은 정신의학과를 지나 3번 출구로 내려가
성복역에서 지하철을 탔다
자리에 앉아 눈을 감았다,
양재역에서 환승하고, 구파발역 1번 출구로 나와

한참을 걸어 야산 큰 소나무 아래 아지트로 왔다
비닐 돗자리를 깔고 오늘의 일과를 시작한다
소주 한 잔에 김밥 한 알,
소주 한 잔에 우유 한 모금,
마신다
알코올의 파도가 뇌 속에서 출렁이며,
상처를 핥는다,
분주히,
잠에 든다

늦은 밤
13층 출입문 벨을 누르려다 그만둔다
비밀번호를 조심스럽게 누른다
손가락이 심하게 흔들린다
안쪽엔 그의 비굴과 비참이 잠을 자지 않고 기다리고 있을 거다
갑자기 식은땀이 나며 주저앉는다

구겨진 것은 미동이 없다

우두커니 1

공원 벤치에 나를 내려놓고
우두커니가 되었다

이 막막함 혹은 공허함
과거를 되새김질하는 거다
토해져 나오는 회색빛 시간들
몸속에 축적된 이물질 또는 방부제
나는 이제 박제가 되어가는 거다

사냥을 위해 이리저리 끌려다니는 동안
세탁기와 전기밥솥을 안은 집이 마냥 방치되어 있었다
가장을 상실한 지는 이미 오래
화합으로 가는 다리가 끊어져
나는 우두커니가 되어 간다
다시는 저항하는 스피커가 되지 않겠다는 듯

체념이 주는 안녕
낙엽 하나가 무릎에 떨어진다
위문편지처럼
허공의 전언처럼

서정시 애가

기억은 울부짖었다
사라진 계절을 향해

  열아홉 누이가 동네 총각과 연애하여 시집간 지 일 년 만에 저 생으로 갔다 아이를 낳다 간 것이다 초등학교만 나온 누이가 훈민정음처럼 관 속에 누웠다 조카는 눈도 뜨기 전에 엄마를 뒤따라갔다 누이가 간 지 며칠 후 큰 싸움이 났다 누이 시집갈 때 가지고 간 농지기를 아버지가 다시 가져오려 하자 사돈네가 가로막고 나선 것이다 가지고 온 혼수품을 죽은 며느리로 생각하며 평생 간직하려는데 왜 가져가느냐는 기다 몇 달 후 동네에 소문이 돌았다 죽은 갓난아이와 함께 묻어 준 누이 무덤에 큰 구멍이 났는데 누이가 오밤중에 아이를 업고 나와 시집 문 앞에서 남편과 놀다 간다는 것이다 그 후,

엄마는 누이 무덤가를
밤낮으로 배회했다

행복서점

청계천 8가 천변에 헌책을 파는 '행복서점'이 있다
서가마다 빼꼼히 쌓아놓은 행복
좁은 통로에 널브러진 행복들
넘치고 넘쳐 길거리 가판대까지 나와
낡은 표지처럼 행복을 연출하며
행복하지 못한 행인들을 유혹하고 있다

행복서점 주인은
반의반 평도 안 되는 책상
앞 의자에 앉아
과거의 행복을 되새김질하는지
과거의 행복으로 지금의 한적함을 보충하는지
미래의 불안을 음미하는지
고개를 떨구고 잠의 페이지를 넘기고 있다

재사용된 행복을 찾아왔던
그 많던 고객들은 어디로 갔는지
그때의 행복과 현재의 근심은 어떤 관계인지
행복이 밖에 있는지 안에 있는지
아니면
밥 속에 있는지

기억 속에 있는 것인지
전혀 알 필요가 없다는 듯
주인은 졸음 수행 중이다

지나가던 개가 짖어댄다
'색색색 공공공 밥밥밥'

상자적 생각

1.
상자 같은 나의 방에서
상자 속 나를 찾고 있었다
상자보다 너를 사랑해?
죽음의 목소리가 들려왔다
구름이 사라지고 어둠이 오고 나서야
문밖에서 불쑥 낯선 사람이 들어왔다
나 같기도 하고 아닌 것 같기도 하고
유령 같기도 하고

2.
깊숙한 내부에서 오래된 상자 하나가 발견되었다
상자 속에는 온갖 잡동사니가 가득했고,
상자에서 궁시렁대는 소리가 들렸다
금속들이 부딪치는지 쇳소리도 들렸다
+ -가 합선되는지 불이 번쩍거렸다
상자 속에서 과거와 현재와 미래가 부딪치는 소리
기억과 기억이 부딪치는 소리
맞아 맞아 기억들이 상자 속에서 부딪치고 있는 거야
그런데 왜 기억이 부딪치면서 괴성이 나지
하이에나의 울부짖음 같기도 하고

쥐들이 씻나락 까먹는 소리 같기도 한
끊임없이 상자를 쪼아대는 소리들
시간은 기억의 배열이라고 했으니까
기억이 배열하는 과정에서 오류가 난 것일까 아니면
기억이 시간을 뒤섞어 버린 것일까

상자적정신과잉자가면역질환

3.
그때
누군가 보낸 택배상자가 도차했다
상자 속에는 약과 공이 들어있었다
 신약과 구약을 복용하고, 왼손과 오른손으로 번갈아 가며 공을 굴렸다

 비로소
 상자 속에서 빠져나와 아늑한 상자 속으로 들어갔다

아, 시

쇠칼이 아니라 나무주걱 같아야 한다
무덤이 예리의 너머에 존재하듯이

붉은 사과의 껍질을 벗겨
갈변이 산도와 당도에 미치는 영향을 무시한 채
빛과 그림자의 회절 무늬를 직조해 우주의 질서를
추적해야 하고

횃대에 걸린 낡은 외투의 보푸라기에서
아버지의 슬픔을 부검해야 한다

병들어 쓰러진 밤나무 곁에 앉아 그 오랜 이야기를
들어주며

길바닥에
버려진 껌딱지의 일생을 재현해야 한다

가야의 고분에서 메기의 파닥임을 끄집어내 허공으
로 날려 보내며
메기와 촌장과 왕의 교집합을 풀어내진 못할지라도
〈

흥부가 톱질하는 장면에서 나를 해체하여
자바 원인의 해골과 뼈다귀를 조립하고
신피질의 흔적을 발굴하진 못할지라도

토방 밑에서 발견된 아이의 찢어진 검정 고무신 한 짝에서
아버지의 상여를 따라가는 일곱 살 아이의
그 아픔을 그려내야 한다

섣달 그믐밤 감나무 꼭대기에 매달린 까치감 하나
낯선 언어의 강을 헤엄쳐 가는 검정소 한 마리

편지 1

그해 가을
해가 질 무렵
요대기에 싸인 죽은 동생이
담긴 항아리를 지게에 지고
구석뜸 너머로 큰형님의 걸어가던 모습
영화처럼 선명하네

여섯 살 나는 정문 거리
탱자나무 울타리 앞에서
엉엉 울었지

굽이굽이 고불고불 돌아
동생 동네에 가까이 온 듯하네

못 부친 편지는 내가 직접 들고 가겠네

편지 2

국민학교 3학년 2학기 첫 만남
출석을 부르셨죠 "이정원" "예"
그놈 참 똑똑하네 웃으시며 말하셨죠
저는 어리둥절했죠
내가 똑똑하다고

선생님은 운동장 조회 때마다
무동태우곤 했죠
꾀죄죄한 저를 말이죠
가정 방문할 때는 저를 앞세워 다니시고요

다음 해 선생님이 전근 가시던 날
저를 남으라고 하신 후
빵을 하나 주셨죠.
처음 먹어 본 빵이었습니다.
그 후 기적이 일어났습니다

4학년 때 수가 두 개로 되었으며
5학년 때는 반 일 등
중학교는 전교 수석으로 입학했습니다
〈

2학년 통신표에
"표정이 어두운 지진아, 가능성이 안 보임"이라고
적혔던 제가 말이죠

어려움이 있을 때마다
공부할 때마다
선생님을 생각하며
견뎌왔습니다

선생님 고맙습니다
감사합니다
사람으로 만들어 주신 선생님
울먹이며
엎드려 큰절 올립니다

편지 3

누님, 그 나라에는 봄 여름 가을 겨울이 있는지요
그해 겨울 왜 내가 뜬금없이 누이 집을 찾아갔는지
그것도 어둑어둑할 때 말이죠
제정신이 아니었던 건 분명합니다
갑작스런 해고로 저의 이성이 마비되었던 때니까요

억울한 내 사정을 중언부언 말하는 저를 보고
말 한마디 없이 저를 보고 있던 누님
나가시더니 이종 매형과 함께 오셨죠
두 분의 냉대에 쫓기듯 나와 달을 보며 울었답니다

몇 년 후 매형이 새벽에 전봇대를 들이받고 돌아가셨다는 소식을 들었습니다
그 충격에 누님은 동네 외출도 안 하신다는 소문도요

누이가 떠나가시기 1년 전
작은 외숙모가 돌아가셨을 때
우리는 조우했지요
둘은 먼 산을 보고 있었고
누이는 혼잣말처럼
"우리 집에 가서 밥이라도 먹고 가자고 하면 시간이

없다고 하겠지"
　그 말에 누이의 이십 년 동안의 자책이 숨어 있는 듯했습니다
　미안합니다
　내가 누이와 밥을 같이 먹기에는 상처가 너무 깊었습니다

내 안에는 그림자가 살고 있다

아버지의 상여를 따라가는 일곱 살 아이 그림자가 기어나온다

글씨 못 썼다고 공책을 두 손으로 쳐들고 각 반으로 조리돌림 당하는
아홉 살 아이의 그림자가 기어나온다

해고당하고 도서관에서 어정거리는 노총각의 그림자가 기어나온다

그림자들이 펑펑 운다

그림자들의 눈물이
흘러 흘러
그림자들을

녹인다
녹인다
녹인다

소

우리 집에서 소도둑놈을 키웠네 그려

아버지는 고래고래 소리를 지르며
새벽 고샅을 휘돌아다녔다
소 끌고 가출한 아들을 향한 분노였다
저 집도 자석 복은 징허게 없어야
자석들이 하나같이 공부를 잘혀서
부모 등골 빼먹고 있으니 말여
그런디 똥통학교˚ 다니면서
언제 공부해서 그렇게 좋은 대학에 합격했는지 모르겠어야
아이고 우리 개똥이가 일 잘하고 참 효자여
가출한 지 7년 후 신사복 입고
청주 됫병에 소고기를 사 들고 와
큰절하며 아버지께 용서를 빌자
휙 돌아서며
"너 혼자 살자고 그걸 팔아가야 우리 집 목숨줄인디"
술상을 들고 들어오던 어머니

맘 풀어 삼남 아부지 펜대 잡고 평생 산다잖여

* 비정규 농업학교.
(1960대 우리나라의 슬픈 실화. 그분은 은행지점장으로 은퇴하였다.)

시집詩集

아픔을 담아 날려 보낸다
민들레 홀씨처럼

아무 데나 떨어질 텐데
받아 줄 땅도 없을 텐데

아픔이 떠나간 자리
휘저었던 자리
덧날지도 모를 텐데

아, 저런 사람이었어 라고
낙인찍을지도 모를 텐데

홀씨 어딘가에 떨어져
동병상련의 꽃 피울지도
모른다는
바람을 담아 날려 보낸다

2부

운명, 아모르파티

나 그리고 ego

외롭게 혼자 서 있는
보이지 않는 글자가 있다

현미경의 배율을 높여도
동굴 깊숙이 파고 들어가도
1 Mw짜리 램프를 들이밀어도
윤곽조차 짐작할 수 없는
옛 현자가 광야를 40일 동안 헤매고서야 찾았다는
알프스의 산정 호수 바닥에 앉아 있다는
know yourself의 맞은편에 서 있다는
사고팔고四苦八苦를 담고 있다는
해머로 내리찍어도 꼼짝도 않는

"나"라는 글자 속에 박힌
에고들의 몸부림

아모르파티amor fati

아모르파티 네 운명을
사랑하라 -니체

그해 7월
아버지를 읍내 버스정류장에서 시오리 떨어진 집까지
큰형님과 어머니가 소달구지에 싣고 왔다
뼈만 남은 아버지를 보고 어머니는 눈물을 흘렸고
동네 분들은 수군거렸다 어찌 저 몸으로 지금껏 행상을 했을까
독한 양반여,
며칠 후 치료를 위한 굿판이 밤새워 벌어졌다
부엌에서는 박수무당이 징을 둥둥둥 치며 경을 읽었고
큰방 아랫목에는 아버지가 극한 통증의 긴 밤을 지고서 누워 있었다
윗방에선 어머니가 연신 두 손을 비비며 대주의 쾌차를 빌고
옆에서 막내아들은 세상모르게 자고 있었다
다음날 해 질 무렵
마지막으로 담배 한 대를 피우고 싶다는
아버지 말에 어머니가 담뱃불을 붙여 주자
눈물 한 방울을 흘리며
길고 고단한 삶을 짧게 요약했다

동네 사람들이 몰려왔고
아저씨 한 분이 지붕에 올라가
아버지의 흰 저고리를 휘휘 돌리며
죽음을 고했다
사립문 앞에는 사잣밥이 차려졌다
동네 사람들이 북적대자
막내는 집안 잔치를 하는 줄 알고
신명이 나서 뛰어다녔다
저 어린 것을 두고 가다니
할머니 한 분이 혀를 찼다
12년 후 명문대에 입학한 막내는
서랍 속에서 초등학교 1학년 때의 구겨진 통신표를
발견했다

표정이 어두운 지진아, 가능성이 안 보임

신발의 재발견

1.
신은 완성되지 않았고, 발은 여전히 자라고 있었다

벌어진 생각들은 각자의 방향으로 모아져 갔다

신이 언제부터 발의 보호대가 되었을까
신의 품질보증서가 발의 입장을 대변하진 않는다

수많은 사람이 신과 발의 관계성과 유용성에 대하여 증명하려 노력했지만
의존성을 찾아내는 데 그쳤다

신은 무슨 색일까
레드, 그린, 블루, 블랙, 화이트…
또 발은 무슨 색일까

신의 색에 발을 맞추는 것이 옳을까
발의 색에 신을 맞추는 것이 좋을까
난해한 철학적 질문은 유보하지만

오랫동안 바라보고 가까이하면 색과 모양이 바뀔 것 같은 예감이 든다

2.
토방으로 나가 마루 밑에서 오래된 신발 하나를 꺼냈다
그가 들어 올려진다
신의 거리가 들어 올려진다
닮고 닮은 흔적들이 문 앞에 있다
앞쪽에는 신에게 채인
어둠이 발각되었다
저 침묵들은 지금껏 무엇을 기다리고 있었을까
떠나버린 사람의 흔적이
마음을 마구 휘젓다가 발까지 내려가
먹이가 되었을까

나는 신발을 부여안고 꺼억꺼억 울어댄다

3.
멀리서
일곱 살 소년이 아버지의 상여를 절룩거리며 따라가고 있다
 신발도 신지 않은 채…

* 근로자문학제 수상작.

폐교

교실에는 의자가 없다
어항 속엔 새를 키운다
남산 아래는 여우가 있고
여우 안에는 이야기가 없다

교과서에서 나비를 꺼낸다
몽당연필을 주워 화장을 고치고
추억을 튀겨 요리를 한다

화단에 떨어지는 녹슨 바람
직립을 거부하는 국기 게양대
구령대는 종일 묵언수행을 한다

플라타너스 잎새들, 만국기처럼 날리고
폭 꺼진 축구공이 잠 속을 뛰어다닌다
게시판엔 365일 폐허가 걸려 있고
교문은 열림과 닫힘의 자리를 그리워한다

시간과 시간이
아련과 아픔이
혼동되는 지금

멀리서 키 작은 초로가 지나간다
아주 잠깐 일곱 살 소년의 얼굴을 하고

허물

때는 코로나가 유행했던 2021년 겨울이었다
한강 잠수교 왕복 6차로 하행선 갓길
한쪽 다리가 부러진 안경을 오른손에 들고
왼쪽 다리를 절며 걸어가는 40대 초반의 사내
구두 한 짝만 신고 나머지 한 짝은 잃어버린 채
강물만 보고 있었다
사내의 독백이 들렸다
나는 나에게
독주를 주사하며
나를 마시고 왔어
바이러스는 안과 밖을 들이키며
어둠을 포획해갔어
식욕인지 탐욕인지 번식력이 대단했어
그런데도 나는 몰골을 다 내주지 않고
굴리며, 굴리며 생존을 향해 달려왔던 거야
 탈진과 배신은 박제된 상태로 잠수교 아래 검은 물로 유인했다

(뒤에서 들리는 목소리)
앞과 뒤를 지운 자만이 가능한 일이야
넌 할 수 없어

뒤를 집착하며 앞을 애착하잖아
네 안에 있는 너는 네가 맞기는 한 거니
지금의 네가 내 편인지 본능인지 모르잖아

사내가 술병을 힘껏 던져 버린다
깨지는 소리가 사내에게만 크게 들렸다
깨진 건 소주병이 아니라 어둠에 파묻힌 사내였다
강물에 비친 달은 출렁이며 일그러졌고
바람 소리가 비극의 배경음처럼 다가왔다

사내 곁에는 허물이
신음하고 있었다
철사로 엮은 허물이 공중으로 올라가고
조명은 서서히 사라져간다
멀리서 앰블런스의 사이렌이 다가온다

바지

처음부터 여자들은 그곳에
상징이 숨어 있다는 것을 알고 있는 듯하다

바지 속에 무언가 있기는 있다

언젠가는 분출될 그걸 감추고
서 있는 장승 같은 것

우주의 비밀을 담은 두 행성의 호위를 받는 에로스의 화살,
누군가 맞을지도 모른다

여자들은
그 음습한 곳에서 일어나는
원초적 본능이 궁금하여
때때로 그 주위를 기웃거리는 관찰자가 되기도 한다
굳이 아니라면 생명의 근원을 찾아 헤매는 탐험가일지도 모른다
그래서 그들은 한번 꽂히면 마비될 수도 있는 신비의 독화살을 확인하고도
생존의 몸부림을 받아내려 애를 쓰기도 한다

〈
바지 속에는 확실히 무언가 있다
신이 감춰놓은 신비한 음모
처절하게 좁은 공간에 호수가 있고
수억의 생물이 유영하는 곳

바지가 내려지면은
수로를 따라 검은 숲과 늪지대를 지나
오직 하나만이 생존할 수 있는
잔인한 세계로의 무한 질주가 시작된다

놀라운 것은
승리의 깃발을 꽂는 순간
소멸과 시작이 동시에 일어난다는 것이다

* 문정희 「치마」 패러디.

마지막 데이트

엄마는 이십 리 길을
물건을 떼러 갔다

아버지는 객지로 행상을 나가려 엄마와 동행했다 도매상 주인은 점방*을 하는 엄마에게 고객 접대용 식권 한 장을 주었다 국밥집에서 순대국밥 한 그릇을 받았다 엄마는 배고프지 않다고 아버지보고 다 드시라고 했다 너무 맛있게 드시는 아버지를 보며 흡족해했다 엄마는 먼 산을 보며 중얼거렸다

그때 막걸리 한 잔은
사줬어야 했는디

* 시골 동네 가게의 사투리.

가설극장

기억은 시간 너머에 비대칭적으로 존재한다

소달구지에 스피커와 발전기를 싣고 동네 동네 돌아다녔다

"면민 여러분 면민 여러분 오늘 밤 낙랑공주와 호동왕자를 상영합니다
눈물 없이는 볼 수 없는 사랑 이야기"

조무래기들 수십 명이 따라다녔다

입장료 10원을 줄 부자 아부지는 없었다

아이들은 가설극장 출입구에 달린 백열전등을 신기한 듯 바라보며
흘러나오는 영화를 들었다

영화가 끝나갈 무렵
한 아이가 외쳤다 "저그 천막 울타리가 터졌당게"
아이들은 우루루 몰려 들어갔다 "오메 이뻐 부려야"

그날 밤 소년은 꿈속에서 낙랑공주를 만났다

기시감

갑자기 소리도 없이
그놈이 내게 왔다

내 안에 있다가 빠져나온 건가 밖에 있다가 돌아온 건가 놈은 욕망이 사는 곳 밑에 매복해 있다가 나를 함정에 빠뜨렸을 거다 놈이 나를 꿀꺽 삼킨다 분노와 화염이 방바닥과 식탁을 흥건히 적신다 접시는 비행접시가 되어 날아다닌다 젓가락은 삿대질하며 방을 휘젓고 다니고 오마이갓이 속사포처럼 터진다 말의 파편이 상하좌우로 튄다 비난과 저주가 고갈될까 염려할 필요는 없다 적은 기름만 부어도 분노의 에너지가 완충된다 의혹이 점점 커져서 스스로 폭발하기를 기다린다 알약을 먹자 동공이 풀린다 악몽만 남기고 그놈은 어디론가 사라졌다 놈이 휩쓸고 간 자리엔

증오와 허탈과 상처
파편만 즐비하다

김 씨, 시추선에 서다

1.
동경 130도 15분 33초, 북위 37도 30분 47초 동해 해저탐사 현장
거대 시추선이 미동 없이 떠 있다

배 중앙의 높은 시추탑에 설치된 라이저파이프 안으로 내려지는 시추파이프
파도와 바람을 이겨내고 배의 위치를 1미터 이내로 유지하기 위한
6개의 프로펠러가 돌아가는 소음
바쁘게 오고 가는 사람, 사람, 사람
자칫 실수하면 폭발할 수도 있다는 긴장감이 맴돌지만
멀리서 보면 한 폭의 수채화다
그 안에 보물을 캐어내는 신의 손이 있다

2.
김 씨는 왼쪽 다리를 절며, 시추탑 위로 올라가 작업대에 섰다
선상이 아득하다
매일의 반복은 위험을 익숙한 풍경으로 만든다

140데시벨의 시추 굉음도 가끔은 추억을 소환하며
신혼여행에서 돌아올 때 비행기 착륙 소리같이 들리기도 한다
23미터의 시추파이프를 라이저파이프 안으로 밀어 넣고 있다
"쉬이익 쉬이익" 시추파이프를 해저로 박아 넣는 탑 드라이브의 회전 소리
라이저파이프와 시추파이프 사이에서 흘러나오는 냉각수와 토사물
시추파이프의 수직 각이 4도만 벗어나도 폭발할 수 있다
그의 양 눈에서 레이저가 발사되고
팔 근육에 용 그림이 새겨진다
이마에서는 땀이 흘러내리며
긴장을 더욱 부추긴다
"여기는 시추탑, 여기는 시추탑 상황실 나오라 오버"
수시로 보고하는 무전기 통화음이 바쁘다
딥워터 호라이즌˙
우리는 이를 '바닷속 보물창고'라고 읽는다

3.
간식이 도르래를 타고 올라왔다
컵라면은 언제나 최고다
스마트폰 속 아내가 활짝 웃는다
이번에 대학에 입학한 막내딸이 밝게 손을 흔든다

4.
멀리 독도 정상에 태극기가 휘날린다

* 딥워터 호라이즌: 시추선의 폭발사고를 다룬 재난 영화

도서관 카오스

공기는 무언가 골똘히 생각하다가

벽 속으로 들어갔다 책장 속 곰팡이는 퀴퀴한 안부를 전하며, 불확실한 미래를 상상했다 일요일은 월요일을 그리워하며 밤새 뒤척였으나 창문의 방향은 끝내 찾을 수 없었다 빛은 어둠을 향해 돌진했으나 밤을 본 사람은 없었고 고전 속 사과는 자유낙하를 거부하고 조금 더 허물어졌다 그 많던 말과 생각들은 어느 계절 속을 떠돌고 있을까 보존사고를 담당하는 사서는 이제 아무도 찾아오지 않는 월요일을 기다리지 않았고

종이의 슬픔을 안고
버틴다, 우두커니

기억감옥

1.
그 꽃은 일 초마다 차곡차곡 쌓여갔다
일 초 전 장미꽃과 일 초 후 그 장미꽃은 같은 꽃인데 다른 꽃으로 저장된다
시간마다 3,600개의 각기 다른 같은 장미꽃이 기억되는 것이다
하루에 24×3,600개의 다른 같은 장미꽃이 기억되니
매년 365×24×60×60개의 같은 다른 장미꽃이 저장된다
천 종류의 꽃을 기억한다니 1,000×365×24×60×60의 꽃이 기억되는 것이다
* *
어젯밤에는 납치 사건에 대한 마이니찌신문의 원문이 그대로 재현되었고
당국의 검열로 유성펜으로 삭제당한 찢어진 타임지 원문과 오싹함이 함께 재생되기도 했다
(비몽이었는지 사몽이었는지는 기억나지 않는다)
국립 뇌과학연구원에 감정 의뢰를 하였다 얼마 후 소견이 도착했다

2.

기억력이 후천적으로 월등히 높아지며 나이가 들어감에 따라 증진되는 현상 서번트증후군과는 달리 기억력뿐만이 아니라 이해력, 추리력, 창발력도 뛰어남 원인은 미상이나 교통사고 등 외상 후 전두엽의 뉴런 변화로 두뇌의 능력이 갑자기 증진하는 것 같다는 임상 보고가 있음 초등학교 때 한글도 제대로 익히지 못했던 사람이 교통사고 후 베스트셀러 작가가 되었다는 보고가 뇌과학 분야 학술지 '뉴로케이스' 최근 호에 실리기도 했음

과거의 특정 사건이 재생되기도 하며 그때의 감정까지도 되살아나 자신을 끊임없이 괴롭힌다는 점에서 과잉기억증후군과 유사하지만 이성에 의하여 통제 가능하다는 점에서 차이가 있음 질병으로 분류되지는 않음 종교적 심리적 현상이라는 견해가 있음

3.

나는 검은 사막을 걸으며, 모래를 하나하나 세었다 그리고

모양과 색깔을 기록했다 모래알마다

비로소
불안과 불면의 신기루가 사라지기 시작했다

목련이 필 때

그해 가을 거리에서
너와 함께 걸었지
카페에서 차 마시며
내 마음을 고백했지

횡단보도 건너던 너
돌아보며 활짝 웃고
연락해라 말했었지

그해 겨울 찬 바람에
내 모자가 날아가고
정처 없이 걸어가다
취한 마음 주체 못 해
네게 전화 걸었었지

목련이 필 때마다
목련이라 했던 너를
그리면서 살았다오
이제는 내 머리에서
하얀 목련 피고 있소

콘센트

가로 6센티미터 세로 10센티미터

벽에 박혀 접속을 원하는 육면체

수시로 플러그인되니 나보다 더 낫다

음전하와 양전하가 전선의 맥을 따라

만나고 헤어지는데 불화가 하나 없다

아무리 뜨거워져도 상처가 남지 않는다

집착이 흘러넘쳐도 사람과 다르게

부족한 만큼 양과 음을 서로 주고받으니

콘센트 앞에만 서면 이별한 내가 펑펑 운다

맹렬한 지독
-황사

새까만 샛노란
메뚜기 떼가 몰려온다
도망갈 구멍은 없다
방 안에도 밖에도 어디에도 숨을 곳은 없다
마스크 뒤에 숨어봤자
용케도 찾아 들어올 것이다

비닐하우스는
햇빛이 차단되고
그 안에 숨은 애호박잎에도
사정없이 쏟아져 숨구멍이 막히고
호박이 넝쿨째 떨어진다

그놈이 습격하면 전국은 모두 통일된다
서울 한복판도 강원도 산골도
백두산도 한라산도 제주도도 울릉도도
미세먼지 $444ug/m^3$으로 통일된다
지금까지 우리가, 한반도가 한 번도 못 했던 것을
다른 나라가 해준 것이다

그놈이 달려오면

모두가 평평한 면이 된다
부자도 빈자도 남자도 여자도
젊은이도 늙은이도
무한 평면에 갇히게 된다
평등하게

목이 따갑고 눈이 씀벅거린다면
시야가 짧아지고 밭은기침이 난다면
당신은 납작 엎드려야 한다

폼페이 그리고 폼페이

그것은 빛과 빛 사이에 있다 라고 검색되었다
시간과 시간 사이의 순간적 분출
폭발이 세상을 바꾸고 있다

비 오는 날의 오후 다섯 시
프라이팬 위에는 기름이 폭발하듯 튀어 올랐고
식빵은 굳어져갔다

토마토는 채 썰어도 토마토 앞뒤로도 토마토
그래봤자 샌드위치 속 패티

'연인들이 뒤엉킨 채 발굴되었다'라고 기록되었다
축제는 신전이 아니라도 좋다
목욕탕에서 나오면서 한 번 더

사이에 사이가 존재하지 않는 것은
엉킴과 중첩 때문이라 하는데
눈에 보이지 않는다고 순간이 죽은 건 아니었다

신전 뜰에는 자칭 루살로메라는 여자가 13명의 남자와
춤을 추며 짝을 찾고 있었다

마치 여왕벌이라도 되는듯
마침내 루가 한 남자를 골라 성전으로 사라졌다
그녀가 뿌리고 간 향에 중독되어
내내 악몽에서 빠져나올 수가 없었다

새벽 2시 잠수교 2차선
알콜에 박제된 나는
택시와 부딪쳐 신발 한 짝이 강물로 튕겨져 나갔다

그때
죽음의 경계에서 신이 대기하다 나를 받아 안았다

신이 죽음 사이에서 새로운 삶을 발굴해 준 것이다
폼페이처럼

우두커니 2

마지막 남은 동창의
부고가 날아왔다
흑백사진 속 얼굴이
다른 계절 속에 있다
이제는 포장마차를
나 혼자 가야 한다

켜켜이 쌓인 울분
불가마로 태워지고
지상의 근심 걱정
연기되어 사라진다
이제는 재 너머에서
소주잔을 기울일까

맑은 날에도 하늘은
매 순간 흐려지고
산 자와 죽은 자의
간극이 넓어진다
이 넓은 지구 곳곳이
독방처럼 쓸쓸하다

* 코로나로 떠난 분을 추모하며.

3부

존재, 메멘토 모리

연

연줄이 끊어지자 무중력으로 들어선다
얼굴은 표백되고 머리에는 쥐가 든다
매서운 칼바람 앞에 짓이겨진 그림자

주섬주섬 챙기고서 고향행 버스 타고
해가 지길 기다렸다 살짝 열고 들어가
어머니 평온한 모습 마주 보니 울컥한다

골목길 허둥지둥 정신없이 기어 나온다
하늘에는 그믐달 내 눈에는 검은 별
나무에 매달려 있는 찢어진 연 하나

* 1982.12.31 신군부 군사독재에 의해 갑작스런 해고 통보를 받은 국방과학연구소(ADD) 연구원 팔백여 명은 해고 다음 날 짐을 싸 들고 정처 없이 귀가했다. 국가 1급 비밀(집단 해고 사실)을 누설하지 말라는 족쇄가 채워진 채.

메멘토 모리memento mori

깨어보니 여전히 호스피스 병동이었다
식은땀이 흥건했다
곁에는 가족이 존재했다
다시 혼수상태로 들어갔다
흰옷 입은 아버지가 나타났다
손을 내밀며 가자 했다
4분의 시간을 허락받았다

먼저 1분은 가족과 작별을 고했다
아내에게 엉뚱한 질문을 던졌다
내가 한 번이라도 당신을 위해 존재했던 적이 있었던가요
내 그림자까지 사랑했던 당신의 흐느낌마저 외면했던 나
너무 늦은 고백인가요

또 다른 1분은 지나온 삶을 되돌아봤다
일곱 살 때 초등학교 입학식
아버지가 흰 두루마기를 입고 운동장 한 켠에 서 있고
옆에는 어머니가 옥양목 치마 적삼을 입고 웃고 있다
〈

또 다른 1분은 앞으로의 나를 상상해 본다
어떤 존재로 변해 있을까
생명체일까
비물질적일까
어디에 존재할까

병상 너머 태양 빛을 반사하는 교회 종탑을 응시한다
저 빛이야말로 나의 새로운 존재일까

나머지 1분은 주변을 돌아보았다

내 존재의 잉여들
아들, 며느리 그리고 나의 기쁨 손주들의 손을 보았다

너머에 빗물에 젖은 단풍잎 하나가 자유낙하 한다
눈이 감긴다
죽음이 서서히 눈을 뜬다 드디어
삶의 바깥으로 걸어 들어간다

시간을 요리하다

본래 시간을 요리하는 칼이 있었던 것은 아니다
시간이 사람을 지배했던 것도 아니다
칼잡이들은 시간을 먹기 좋게 토막 내 요리했고
사람들은 생각 없이 받아먹으며 다시 시간을 살았다
365, 12, 30, 24, 60, 월, 화, 수, 목, 금, 토, 일 …
토막 내 요리하여 우리들의 식탁에 올렸다
최고의 메뉴를 개발한 사람은 과학자였다
그들은 시간을 잘게 쪼개어 다른 식재료와 섞어서
요리하는 마술을 부렸다
본래 음과 양이 만나는 본능이 있었기에
요리는 점점 진화해 갔다
드디어 밤이 낮의 얼굴을 뒤집어쓰게 되자
요리가 요리사를 요리하는 지경에 이르렀다
요리사들은 시간을 휘게도 하고
공간이라는 접시를 늘리거나 줄이면서
먹는 사람에 따라 길게도 짧게도 했다
옥탑방에서 먹는 경우에는 긴 면발을 가지며, 질기다
타워팰리스에서 먹는 요리는 면발이 짧고, 고소하다
'인터스텔라'에선 시간, 공간, 질량, 에너지를 서로 꼬
아 비빔밥을 만들어
우주를 여행하는 요리까지 선보였다

'매트릭스'에서는 요리사가 요리를 먹는 건지
요리가 요리사를 먹는 건지 뒤틀어 놓음으로써 우리를 열광시켰다
요리를 먹는 자들은 깊고 광범위하게 중독되어
덫에 걸린 사실조차 모르게 되었다
신은 당황하지 않고 시간의 레시피에 죽음을 슬쩍 끼워 넣었다

타이머가 멈추자 비로소
사람들은 에덴의 들판을 자유롭게 뛰어다녔다

시간을 걷다

나는 걸었다
검은 숲과 검은 호수를 지났다
길은 어두웠고
별들은 숨을 죽였다

성당 마당에는 육백 년 된 은행나무가 11월 중에 서 있었고
  지붕에는 낙엽이 쌓였다
  용마루는 휘어지고 서까래는 주저앉았다

  새들은 나무의 여백 속으로 날아오고
  시간은 나무의 나이테 속으로 들어가는 중이다
  소멸과 신생은 시간이 만든 최고의 발명품일 거라는 생각이 들었다
  두 개의 방향을 나는 애써 읽어내는 중이다

바람에 굴리며 나뭇잎들이 흙구덩이로 들어갔다
바스러지며, 나를 보고 있다

  구덩이에서 피어오르는 검은 연기들
  아 아 기름을 부은 것도 아닌데 불을 지른 것도 아

닌데
　저렇게 짙은 연기가 나다니
　누군가 들어가 불을 놓고 사라진 것일까 아니면
　시간과 시간이, 시간과 기억이 부딪치다 과열된 것일까

　그때
　어둠 속에서 누군가 걸어오고 있다
　사람 같기도 하고 아닌 것 같기도 하고
　익숙한 모습인데

　삽 한 자루를 받았다

　구덩이에 흙을 던져 넣었다
　한 삽, 두 삽, 세 삽…

　우리는 걸었다
　백색 숲과 백색 호수를 지나갔다
　길에는 반딧불이가 빛을 발했다 이따금씩

관

처마 끝에 매달려 있던 관이
땅으로 내려왔고
할머니의 삼베 적삼은
지붕 위로 올려졌다

하늘로
돌아가는 여행을 시작한 거다

이 골목 저 골목 행상을 하는
할머니가 돌아다니는 동안
떳국물과 숟가락을 든 손주가
사립문 밖에서 기다리곤 했다

가족은 잃어버린 지 오래

미래로 나갈 신발은 없었고
가난을 안고 하나가 되었다

일곱 살 손주의 훌쩍거림에 맞춰
할머니는 관 속으로 들어갔고
비로소 수평이 되었다

〈
죽음이 거느린 평안

울 밑 다알리아
고개 숙였다
추석날 차례상 앞에 선 조손처럼
마지막 인사처럼

파묘 1

배꽃 같은 함박눈이 소담소담 내리는 날

곡괭이 날 무너져 내린 봉분 위에 꽂힐 때

영매의 초혼 소리가 허공으로 퍼진다

관은 풍화되고 바닥은 질척한데

검게 된 뼈마디에 잔뿌리가 그득하다

합장묘 얽힌 사연은 어디 가서 물어볼까

접골사의 손끝에서 복원되는 그림자들

아내의 뒤따라감은 사랑일까 기아일까

사십 년 건너 뛰어와 이제서야 만나나

파묘 2

판다는 건 시간이 응축해 놓은 기억의 해체다

기억을 향한 신피질의 반란이다

상상이 파괴의 속성을 머금고 있다면

망상은 자책의 형태로 피어난다

새벽 한 시 악몽에서 깨어날 때면

뇌에 깊숙이 묻힌 회색빛 시간들이 부유한다

기억은
상처로 엮어 낸 시간의 시퀀스

꿈속에서 분망하게 솟아날 때

기억은 해체에 집중한다

기억의 **뼈**들은 얼마나 많은 상처를 간직하고 있을까
〈

비가 내리고
천둥 번개가 치며
뒷산 고목이 퍽퍽 쓰러져 갈 때
쏟아져 나오는
뼈들의 아우성을 듣는다

뼈를 칭칭 감고 있던 나무뿌리를 잘라낸다
숨이 가벼워진다
아, 아버지!

문상

헐렁한
검은 양복을 입은
예닐곱 상주를
얼결에 덥석 안았다

일곱 살 때
내 모습이 겹쳐와

화장실로
쏜살같이
내달렸디

* 사랑의 교회 호스피스 봉사를 받던 젊은 아빠가 암으로 소천하자 장례 예배에서.

반지하 시퀀스

1.
 모(61세 놀이공원 식당 주방보조로 근무하다 한 달 전 팔 부상으로 실직), 큰딸(36세, 당뇨, 고혈압 투병 중), 작은딸(33세, 만화가 지망생), 부(12년 전에 폐암으로 사망), 방 한 켠에서 집세와 공과금 70만 원이 든 봉투 그리고 유서와 한 쪽짜리 가계부가 발견되었다. 가계부 11월 5일: 활명수, 박카스, 소화제(10,700원), 11월 6일: 싱크대 마개(2,000원), 순댓국(8,000원), 왕뚜껑 라면(950원), 우유(990원), 소세지(2,330원) 11월 7일: 식빵(1,950원), 잉크(8,000원), 오뎅(2,200원), 떡(3,000원) ⋯

2.
번개탄을 피우기 전까지 방 안은 푸른 물결이었다
펜촉을 타고 흐르는 저 유려한 만화의 세계
펜과 잉크 사이에서 파닥거리는 여러 결의 지느러미는
구겨진 파랑들의 속삭임이었다
반지하 창문 넘어 왕뚜껑 사발면을 간지럽히는
달빛은 포근한 은신처였다

빛이 사라진 심연에서 길을 잃었을까

월세와 공과금 70만 원이 든 봉투와
주인에게 미안하다는 포스트잇은
직선과 속도 사이에서 갇힌 자들의
울음마저 잊은 몸부림이었을까

아니면
세상 죄를 지고 가는 들풀들의 무게였을까
딱딱하게 굳은 가계부 위에 새겨진 아리고 아린 기억들
19,900원짜리 인세 영수증의 저 먹먹한 물결
폭풍우의 무늬는 출렁임을 멈추고 굳어져 갔을 거다

경사가 사라진 언덕에서
지금은 쉬고 있을까

벽에 걸린 4명의 가족사진 속 아이는
여전히 주인공처럼 환하게 웃고 있는데…
냥냥이가 옆에서 슬피 운다

죽음의 등급

1등급　자연사　　　　　　　　상위 10% 이내
2등급　병사1(암, 혈관 질환 등)　상위 70% 이내
3등급　병사2(치매)　　　　　　상위 90% 이내
4등급　자살　　　　　　　　　등외
5등급　타살　　　　　　　　　등외

1등급은 과욕이다
2등급만이라도 맞으면 땡큐

여로

1.
한쪽이 사라지면 다른 한쪽은 왜 직립을 멈추고 날아가는 걸까
먹잇감을 놓친 솔개나
오리도 너구리도 아닌 오리너구리처럼
과거를 향한 무한 질주
돌부리에 걸려 넘어지는 고슴도치나
이미 멸종되었지만 동물원에서 볼 수 있다는 오카피*
비포장도로를 달리는 트럭 운전사는
본래의 길과 협착되어가다 벼랑을 만나면 추락한다
백열전등 내 깜박거리던 필라멘트가 끊겼을 때

2.
혼자 달리는 말은 느려졌고
바람은 양 옆구리를 휘돌아 지나갔다
뒤란 대나무숲에서는 묵시의 그림자들이 불쑥불쑥 튀어나왔고
하늘에선 솔개가 무풍 비행을 한다
오늘은 당신을 부르고 싶다
그대로 있어요 여보
영묘원 가는 길은 너무 가까웠다

* 기린의 일종.

황혼

고시텔 밖 벗어버린
가로수는 굶주린 직립
가지를 흔드는 바람은
스쳐 가는 소문들
시트는 문장을 만들며
뒹군다, 정직하게

콜라텍 스텝은 늦가을 햇살에
암고양이 향기처럼
바닥으로 피어오르고
어둠은 서로를 당기며
익어간다, 파랗게

꽃잎 몇 송이 힘없이 떨어지면
밀려가는 시간에 튕겨져 나온 감정 하나
계절은 녹물을 타고
흐른다, 우두커니

화석 話石

세 살배기 동생이 저세상으로 떠났습니다

홍역으로 갔습니다 읍내 약국에서 페니실린 한 방 맞으면 살았을 텐데 주삿값이 없어서 그냥 보냈습니다 그날 오후 여섯 살배기 나는 엄마한테 동네에 들어온 뻥튀기 행상에게 튀밥 튀겨 달라고 울며 떼를 썼습니다 엄마는 죽은 놈은 죽은 놈이고 산 놈은 산 놈이라고 독을 박박 긁어서 튀겨 주었습니다 동네 사람들은 자식 보내고서 튀밥 튀겨 간다고 수군거렸습니다 엄마는 울지 않았습니다 자식들 네 명을 먼저 보내느라 눈물이 고갈된 것입니다 큰형님은 아버지를 대신하여 동생을 포대기에 싸서 옹기 항아리에 담았습니다 해가 질 무렵 항아리를 지게에 지고 혼자서 구석뜸 뒷산으로 묻으러 갔습니다 나는 울타리 너머로 멀어져 가는 형님과 지게와 항아리를 보면서 울었습니다 그날 밤 동생 배냇저고리를 꺼내 냄새를 맡던

엄마는 번갈아가며 가슴과 방바닥을 쳐댔습니다

보내고 나서야

1.
구름 속으로 훌쩍 떠나버리고
오늘도 당신과 함께 있다

우울한 날에는 시장통에서 소주를
날씨가 화창한 날에는 인사동 미술관으로
눈이 내리면 숲속 오솔길에서
비가 오는 때에는 그 카페에 앉아 있다

통유리 밖으로 당신이 지나간다
나날이 선명해지는 얼굴이다
그리움은 시간 속에서 뭉게뭉게 자라간다
잃어버리고 나서야 존재의 무게를 알아가는 것처럼
지금은 어디로 갔을까
빈자리 하나만 남겨놓고

2.
헤어지기 전까지는 딱딱한 물결이었다
마음과 마음이 부딪치는 바다였다
폭풍우와 파도가 갈림길을 만들며 휘몰아쳤고
물결은 파문을 일으키며 증폭되었다

감정은 감정을 타고 하얗게 휘발되었다

3.
이제는 자책의 풍랑이 바다를 뒤덮고
아픔은 칼날 되어 마음이 에인다

비가 오는 날이면 카페에 나와
너를 앓고 있다
되돌릴 수 없는
계절의 끝자락에서

타투

1.
거울 앞에 앉아 있다
오른쪽 손바닥에 상징을 새겨넣는다
"Mother"
헨드포크가 마음을 파고든다
한 땀 한 땀, 그리고 빠르게
기관단총에서 총알이 드르륵 연사 되는 것처럼
붉은색 잉크알이 몸 새를 파고들어
나의 일부가 된다

2.
어머니가 울고 있다
길을 잃고 헤매고 있다
나를 부르며, 쫓아오고 있다
기억의 막다른 골목에서
막내아들만 남아 있는 것일까
나는 도망간다
그런데 발이 움직이지 않는다
그래서
어머니를 등 오른쪽에 새겨 넣었다
핑크색으로

그리고
왼쪽에는 유일한 엄마 친구 똥개 워리를 그려 넣었다

3.
하늘을 본다
비로소
엄마가 활짝 웃는다
나도 따라 웃는다
워리가 꼬리를 흔들며 펄떡펄떡 뛰어다닌다

눈사람

광야를 걸어왔다
흔적도 하나 없이
비바람 등에 업고 맴돌며 살다 왔나
숯검정 눈동자에는
찰나의 삶, 박혀 있다

삐딱이 모자를 쓰고 관조한다 우두커니
앙상한 두 팔 사이에 허공만 존재하나?

무소유 아우라 속으로
모든 게 녹아내린다
우두커니

한치

광주선한요양병원 205호실
반 치의 생명줄을 잡고 반치가 누워 있다
서로 부여잡을 수 없게 손은 창백하고 눈은 반쯤 풀려 있다
두 발바닥은 막다른 길을 요약하듯 더 이상 바닥을 딛지 못한다
동해 바다 한류에 몸을 담그고 살 때의 차가움이 생각났을까
스르르 눈이 감긴다
포장마차 할 때 겨울 찬바람 속에서 손님을 기다리던 초조함
화장품을 지인들에게 행상하고 다닐 때의 고단함
상셩하여 식모살이할 때 주인집 물건이 없어지자
추궁당했던 처절함
청계천 재봉 공장에 시다로 다닐 때 칸막이 2층 다락방의 자욱한 먼지
그녀에게 파문을 일으켰을까
병상의 담요에 잔잔한 파도가 인다
혼사 남을 반치에게 눈물 한 방울을 떨군다
반치들이 파닥이며 손을 합하여 한치를 완성한다

4부

진화, AI와 함께 춤을

탈

얼굴 하나를 분양받았다
헐값으로

명랑모드에 60%의 세침모드 40%를 섞어
세팅한 얼굴을 쓰고 외출을 했다

에어컨은 빵빵했고 거리는 초록으로 싱그럽다

공원에는 유령들이 넘쳤다
 우울미 80%에 유머미 20%가 혼합된 페이스와 조우
했다

자주 나오시나 봐요
네 하루에도 여러 번 나오죠
RR°에 가본 지 오래되었나요
거기에 가본 지는 한 달이 넘었습니다
아 나도 그곳에 가본 지 세 달이 넘어요
그곳을 잊어버릴까 걱정까지 돼요

그러게요 배고프지 않으세요
무얼 좋아하세요

떡볶이 좋아하세요
네 좋습니다

떡볶이집에 들어가 주문을 했다
로봇이 정해진 매뉴얼에 따라 인사를 하고 서빙을 받았다
총알배송이 되었다
각자의 집으로

엄청 맛있게 드시네요
네 제가 좋아하는 거거든요

우리는 나와 산책을 했다
다정히 팔짱을 끼고

애프터를 할까요
네, 좋아요

메타버스 스트리트 100번가 맞은편에 있는 모텔 69호실 불이 꺼졌다

침대 시트에는 잔물결이 일어났고
선을 타고 넘어오는 목소리와 영상의 파동은 격랑을 일으키기도 했지만

우리는 끝내 가면을 벗지 않았다

* Real Reality(실제 현실)의 약자 조어로서 VR(가상현실), AR(증강현실), XR(확장현실) 등.

디스토피아

무얼 먹을까 걱정하지 마세요
당신의 피부에는 DNA 조작으로 엽록소가 이식되어
광합성을 할 수 있으니까요
소화기관이 퇴화할까 염려하지 마세요
AI가 자동으로 관리해 주니까요
스트레스가 없어서 걱정이라고요
당신의 머리에 이식된 칩이 자동 감지하여 적당한 스트레스를 공급해 준답니다
기분의 업다운과 희로애락의 세팅은 기본 장착됩니다
취업이 걱정이라고요
직장은 필요 없답니다
완전 자동화로 생산원가가 제로이니
하고 싶은 만큼 일하고, 쓰고 싶은 만큼 쓰면 되니까요
무노동의 권리가 보장되며 무노동으로 인한
어떠한 차별도 금지된다고 헌법에 규정되어 있답니다
좋은 학교를 가고 싶다고요
그건 절대 불가능합니다
학교는 21세기 원시부족사회의 유물로서
박물관에 모형으로만 존재한답니다
출산이 힘들다고요

걱정하지 마세요 필요하면
DNA 맞춤형 아들딸을 10일 내
택배로 받아볼 수 있답니다
스펙과 맞지 않는 자녀가 배달되었다면
언제라도 AS를 받을 수 있으며 10년 내라면 무상
수리랍니다
그래도 금요일 밤엔 애인은 필요하다고요
맞춤형 로봇 서비스가 상시 대기 중입니다
죽을까 걱정이라고요
당신의 저장된 정보로 언제든 재부팅 할 수 있습니다
그래도 당신의 기도를 들어줄 신은 필요하다고요

아니요 당신은 이미 전지전능한 위치에 있습니다
그런데 오늘 여기에 있는 나는 누구일까요
나의 나일까요
당신의 당신일까요
당신의 나일까요
나는 어디 가서 찾아와야 할까요

메타버스 미러링

전쟁터에서 돌아온 패잔병처럼 지쳐 있었고 눈동자는 풀려 있었다.
골방에만 있었는지 얼굴은 하얗고, 핏기가 없었다

나는 클리닉에서 A를 맞았다

자 이제 분노를 꺼내 봐
네 좌절의 숙주를 찢어발겨 봐
마음껏?
응 마음껏
아무 데나?
응 어디나
입에서, 코에서, 눈에서
구멍마다 쏟아지는 총알
슬픔으로 발작 중인 총알
분노로 튕겨 나오는 총알
열패감으로 오발사된 총알
기억의 부재를 부재하는 총알
총알 총알 총알 총알 총알…
총알의 파도 총알의 범람
〈

저녁만 되면 찾아갔던 포장마차 소주잔 속 얼굴들
나이면서 나 아닌 나들의 충돌
이건 진짜가 아니야 A와 내가 동시에 소리칠 때

메타버스 스트리트 101번가
A가 쓰러져 있었다
나는 급히 로그아웃했다
키보드에는 피가 흥건했다

멀리서 사이렌 소리가 실상으로 들려왔다

테라포밍[*]

마지막 테라포머는 이류 점검을 마쳤다
10, 9, 8, 7 ⋯ 0
주 엔진 점화, 33초 후 부스터 점화, 1단 로켓 분리, 2단 로켓 분리⋯
무중력으로 들어왔다
드디어 선내는 공포가 사라졌다
두 손을 모으고 눈물을 흘리기도
창밖의 우주를 보며 감격하기도
가족을 두고 왔는지 수심에 차 있기도
공중을 떠다니기도
했다

안내 멘트는 슬로모션이 된 입 모양으로 정확히 3초 간격 뒤에 도달했다
물은 쭈그러진 구형 슬라임으로 변해 공중을 둥둥 떠다녔다

모니터를 켜고 구글맵으로 지구별을 봤다
두꺼운 이산화탄소층이 선명하다
거대한 메뚜기 떼가 휩쓸고 다닌다
모두가 리셋처럼 간결하다

아파트의 탑 층만이 방주처럼 떠 있다
산 정상에 한 떼의 사람들이 모여 있다

사람들은 두 손을 하늘로 벌리고 주문 같은 것을 외우고 있는 듯하다
새로운 세상을 간구하는 것일까

지구를 지키겠다는 저 무모, 저 용기

긴 여행을 위해 냉동 수면실로 들어간다
티켓에 인쇄된 777번 관 속에 눕는다
스위치를 내린다
천년 후 도착할 그곳이 두렵고 설렌다

천지창조의 알고리즘 속에는
여기까지 포함되어 있었을까

* 테라포밍Terraforming은 우주 개척 중 지구 이 다른 천체에 지구의 환경과 생태계를 인위적으로 조성하여 지구 생물이 원활하게 살 수 있도록 만드는 것이다.(구글)

진화의 종말

1.
 지금, GAIST 777호 AI 복제 연구실에서 당신을 처음 만났을 때의 울림, 아니 더 큰 떨림이 감지됩니다 그건 내가 당신의 첫 남편의 영혼으로 세팅되었기 때문만은 아닙니다 우리가 맨 처음 한 일은 교통사고로 사망한 당신의 전남편과의 신혼여행을 마무리하는 일이었지요

 그날 낙산 동해 바다의 낙조를 보며 당신은 미래를 약속했습니다
 전남편과의 사랑, 사고, 뇌사, 몸의 유전자 정보 추출, 영혼의 다운로드 그리고 재생을 조금도 흐트러짐 없이, 아무 일 없었다는 듯이, 붉어지는 바다를 보며, 남의 이야기처럼 옮겨 놓았습니다

2.
 밤의 연애는 진하고 길었습니다 당신과 나의 심리와 몸 상태를 0.1초 간격으로 모니터링하며 진행되었기에 안전하고 강렬했습니다 당신과 나의 유전자 조합으로 태어난 자녀는 프로그램대로 성장해갔지요
 〈

성장해가는 자녀들을 볼 때마다 21세기 구형 프로그램으로 작동하는 나는 열패감으로 괴로워했고 당신에게 미안한 마음으로 잠 못 이루곤 했습니다 고심 끝에 당신을 위해 남편 자리를 내놓기로 결심했지요

3.
공모가 시작되었고 빛의 속도로 지원자가 몰려들었지요
선택자가 우리의 아들이라는 것에 우리는 놀라지 않았습니다

괜찮습니다
진화는 아름다운 망각이니까요
진화는 버전업version up이니까요
나의 복제본인 아버지가 기억나지 않듯 나를 닮은 너도 기억하지 못한 채
그들은, 우리는 행복할 겁니다
경계가 경계를 넘어가는 루핑의 세계는 언제나 빠져나갈 수 있는 길까요

메타버스, 이십 대

침대에 누워
버스를 타고 나의 왕국으로 건너왔다
입셍로랑 슈트에 구두는 페라가모를 신고 최고급 루이뷔통 가방을 멨다

왕국을 개설하자 신민들이 모여들었다
롤스로이스를 타고 거리로 나왔다
꽃송이를 주머니에 차고 꽃처럼 웃는 꽃을 태웠다

꽃처럼 다정하게 데이트를 하다가 질리면 바람처럼 버리고 다른 꽃을 태웠다
꽃들을 다루어 본 적이 없어 난해했다

별궁을 마련했다 사회적 비난을 우려하여 압구정동 120평의 작은 보금자리로 정했다
신민을 모아 가장무도회를 열었다 탱고곡에 맞춰 춤을 추고 30년산 코냑을 마셨다

일을 해보려고 신민들에게 일자리를 추천하라는 포고문을 발했다 수많은 제안서가 쇄도했고, 추천을 거쳐 하나를 뽑았다 내일부터 출근해볼까 하는데

〈
엄마가 클릭하며 들어온다

두렵지 않다
두렵지 않다
하나 더 나를 복제해 놓았다
캥거루 3 점프

"나 여기 있어요"

* 메타버스Metaverse는 가상·초월meta과 세계·우주universe의 합성어로, 현실과 가상이 어우러진 4차원 세계.

지구를 굴리는 난쟁이

공을 굴리고 있었다
당신은 뛰어올랐고 공은 1,800도를 회전했다
좌로, 우로, 앞으로, 뒤로 공정하게
정직하게 450도씩 구간을 나누었다
뛰어오를 때마다 빛이 튀어나왔다
블루와 레드가 쏟아지는 때에는 당신의 얼굴은 검게 변했다
속도를 2배속으로 높였고 공은 스핀을 더해가며 객석을 향해 나갔다

아아 드디어 물구나무를 서서 두 발로 공을 굴리고 있군요
당신은 빅브라더인가요, 광대인가요
지구를 머리에 이고 초속 361m 속도로
두 손으로 지구를 굴리고 있으니 빅브라더가 맞네요
두 발로 3개의 공을 돌리고 있으니 광대가 맞네요

정말 빅브라더가 되고 싶나요
일단 당신의 뇌를 리세팅하고 AI 프로그램으로 세팅해볼까요
전극을 뇌에 박을 필요는 없답니다

블루투스로 가능하니까요
세팅이 끝났군요
자 이제 훈련에 들어갑니다
공을 발로 툭툭 건드리며
앞으로 겨우겨우 굴리는군요
고양이가 앞발로 공을 굴리는 것처럼, 초보자처럼
실망할 필요는 없습니다
분신술을 사용하고 속도를 20배로 높여 보겠습니다
여전히 공을 떨어뜨리고 있네요
지능을 인간의 100배 수준으로 높여 봅니다
어라, 공굴리기를 하지 않고
당신이 당신을 복제해가며 단체로 저항을 하는군요
급히 건망중과 버그를 삽입해보았습니다만
너무 늦은 건가요
당신은 빅브라더로 진화했군요
이제 공을 같은 방향으로 굴리실 건가요
거꾸로 굴리실 건가요
지구의 우리의 운명은
당신 손에 달린 건가요

신은 여전히 졸고 있었다

나비와 꿈[*]

너 나비를 본 적 있니
그림자가 물었다

꿈속에서 본 적이 있지
꿈속의 나비가 내가 된 것인지 내가 나비가 된 것인지

나비는 나무
나무는 꽃
꽃은 짐승
짐승은 하늘
하늘은 나
내가 나비인지
나비가 나인지
나비가 나비인지
내가 나인지

어디서 많이 들어본 듯한 말을 했다

게임을 했어
창세기전 AR$_{augmented\ reality}$ 전략게임 빛의 이야기
스크린은 순식간에 14,999,999,999년을 스쳐 갔고

빅뱅이 터졌어
  우주를 날아다니다 지구에 정착했지
  원숭이가 돌을 던지는 순간 혼돈은 시작되고,
  나비는 나무, 나무는 꽃, 꽃은 짐승, 짐승은 하늘,
하늘은 나
  겹겹이 찰나로 상영되고
  칸칸이 집을 지었지
  1층, 2층, 3층 … 133층 …

$E=mc^2$
가장 긴 이야기를
가장 짧게 쓴 스토리

만물이
빛의 진화라는
공의 스토리

그림자도 꿈을 꾸니
게임을 잠깐 멈춘 내가 말했다

나는 게임비를 벌기 위해

롯데타워로 들어가 화장실 청소를 했다

그림자는 따라오지 않았고
변기 물에 나비가 빠져 있었다

* 장자의 호접몽을 현대물리적 관점에서.

피케티의 법칙 2

A: 독촉장이 날아왔다
"에이 님, 연체로 다음 달부터 이자 25%/연.
시간이 늘어나게 설계함으로써 이익을 극대화하고 있음.
당사만의 특화된 전략이 아님을 양지하시기 바람."
에이는 급히 하루를 48시간으로 늘어난 궤도에서 이탈하려고 몸부림을 친다

B: "비 님, 원금 10억 원이 30억 원으로 증식되었음을 통지합니다. 아울러 실전 투자 6관왕인 님에겐 당사의 VVIP 고객으로 선정되어 숲세권과 해양권을 동시에 누릴 수 있는 펜션 무제한 이용권을 보내드립니다.

C: "시 님, 졸업과 동시에 정글의 세계 진입한 것을 축하합니다. 지연, 혈연, 학연을 잘 이용하시고, 특히 부모 찬스를 활용할 것을 권장합니다. 100퍼센트 취업 보장 회사"

D: "디 님, 198번째 생신을 축하합니다. 님에게는 평균수명 2배 돌관 축하 이벤트로 뇌손상 시 리플레시할 수 있는 무료 상품권(1회 한)을 동봉합니다.

상자의 집

상자 속에 담긴
이야기들
우리의 시간들

엄마의 웃음
아빠의 이야기
두 살배기 동생의 장난
도화지에 꿈을 그려가는 일곱 살
언니

좁지만
함께라서 행복한
상자 속

바람이 불어도
비가 내려도
피어나는 사랑

작은 상자
큰 행복
우리 가족

따뜻한 집

"얘들아 빨리 와
숨바꼭질하자"

* 이 시는 챗봇 3.5와 콜라보한 시다.

∞해 설

시로 쓴 자서전, 혹은 상처와 고통의 향연
― 이정원 시인의 시세계

황치복(문학평론가)

1. 기억, 상처와 고통으로 얼룩진

2021년 『시조시학』 신인상을 수상하며 문단에 나온 이정원 시인의 첫 번째 시집이다. 시인은 '시인의 말'에서 "중졸 학력을 안고/서울에 올라왔다/부딪치고/찢어지고/넘어졌다//그래서 버둥댔다//해 질 무렵/그 대가로/시집 한 권을 얻었다"라고 하면서 이 시집이 시인에게 어떤 의미를 지니고 있는지를 깊이 음미하고 있다. 주목되는 대목은 "부딪치고/찢어지고/넘어졌다", 그리고 "버둥댔다"라는 강렬한 어휘들인데 한결같이 상처와 고통으로 점철된 시간을 암시하고 있다. 한 어휘씩 분절하고 있는 이러한 동사들은 한 사람의 인생이 얼마나 가혹한 폭력에 노출되어 있는지를 시사하고 있으며, 그러한 가혹한 현실에 대해서 한 인생은 또한 얼마나 치열하고 처절하게 응전할 수 있는지를 보여준다.

실제로 이번 시집에는 곳곳에 무수한 죽음의 그림자들이 포진하고 있는데, 이러한 죽음의 모습은 삶이란 공간이 얼마나 위험한 것이며, 또한 고통으로 점철되어 있는지를 표상하고 있다. 불교에서는 팔고八苦라고 해서, 생로병사生老病死라는 사고四苦에 네 가지 고통을 덧붙이고 있는데 그중에 하나는 애별리고愛別離苦라고 해서 사랑하는 사람과 헤어져야 하는 일이 포함된다. 사랑하는 사람과 헤어지는 일에는 사별死別이 포함된다는 점에서 인간의 고통 중에는 죽음과 관련된 고통이 두 가지가 되는 셈이다. 이번 시집이 온통 편재하는 죽음의 모습으로 얼룩져 있다는 것을 생각해 보면, 시인이 생각하는 인생의 본질을 짐작할 수 있다.

과거의 상처와 고통, 죽음의 모습들은 모두 기억에 내장되어 수시로 우리의 의식에 출몰하는 현상들이다. 이번 시집에서 죽음만큼이나 많이 등장하는 시어가 바로 '기억'이라고 할 수 있는데, 기억의 내용물이 상처와 죽음으로 채워져 있다면 그 기억은 악몽과 같은 것이 아닐 수 없다. 실제로 시인의 기억에 대한 태도는 '기억감옥'이라는 시의 제목이 암시하는 것처럼 매우 고통스럽고 짓눌리는 듯한 양상을 보이고 있으며, 마치 그것에 얽매어서 헤어 나올 수 없는 듯한 자세를 보이고 있기도 하다. 시인이 상정하는 기억에 대해서 자세히 살펴보겠지만, 그 전에 시인이 자신의 시집에 부여한 의미부터 읽어보자.

아픔을 담아 날려 보낸다
민들레 홀씨처럼

아무 데나 떨어질 텐데
받아 줄 땅도 없을 텐데

아픔이 떠나간 자리
휘저었던 자리
덧날지도 모를 텐데

아, 저런 사람이었어 라고
낙인찍을지도 모를 텐데

홀씨 어딘가에 떨어져
동병상련의 꽃 피울지도
모른다는
바람을 담아 날려 보낸다

― 「시집詩集」 전문

이번 시집을 엮는 시인의 심문心紋이 고스란히 드러나 있다. 이번 시집은 아픔이 휩쓸고 간 마음의 풍경이라는 것, 그러한 내면 풍경을 휘젓게 되면 덧날지도 모른다는 것, 남의 고통을 구경하기 좋아하는 사람들은 기구한 운명이라고 낙인찍을지도 모른다는 것, 하지만 이러한 두려움을 "동병상련"의 공감과 연민의 시선을 만날 수도 있다는 기대로 극복하고 있다는 것 등의 마음속의 무늬가 새겨져 있다. 한편으로 시인은 자신의 과거 내력을 훌훌 털어버리고 그러한 기억들이 "민들레 홀씨처럼" 날아가는 모습을 상상하면서 해방감을 느끼고자 하는 의도를 지니고 있는지도 모른다. 어쨌든 시인에게 시집이란 자신이 살아온 내력이 고스란히 새겨진 하나의 씨앗이라는 것, 그래서 그것은 우연성의 지배를 받을지라도 어떤 독자들의 마음속으로 들어가 공감과 연민의 꽃으로 피어날 것이라는 희망을 지닌 것으로 수용되고 있다는 것이다. 그러니까 시인에게 시를 쓰는 행위란 풀과 나무들이 하나의 씨앗을 맺는 과정과 다르지 않은 셈인데, 그렇기 때문에 그 내용이 아무리 고통스럽고 잔혹하다고 할지라도 진솔하지 않지 않을 수가 없으며, 소중하지 않을 수가 없을 것이다. 시인에게 과거의 내력인 기억은 다음처럼 악몽과 같은 것으로 다가온다.

아버지의 상여를 따라가는 일곱 살 아이 그림자가 기어
나온다

　　글씨 못 썼다고 공책을 두 손으로 쳐들고 각 반으로 조
리돌림 당하는
　　아홉 살 아이의 그림자가 기어나온다

　　해고당하고 도서관에서 어정거리는 노총각의 그림자가
기어나온다

　　그림자들이 펑펑 운다

　　그림자들의 눈물이
　　흘러 흘러
　　그림자들을

　　녹인다
　　녹인다
　　녹인다
　　　　　　　－「내 안에는 그림자가 살고 있다」 전문

이 시에서 묘사되고 있는 '그림자'란 과거에 대한 기억

을 지칭하면서 동시에 어떤 상처에 대한 트라우마라는 점에서 무의식이라고 할 수도 있다. "아버지의 상여를 따라가는 일곱 살 아이", 그리고 "글씨 못 썼다고 공책을 두 손으로 쳐들고 각 반으로 조리돌림 당하는/아홉 살 아이", "해고당하고 도서관에서 어정거리는 노총각" 등의 기억들은 모두 폭력과 상처로 얼룩져 있다. 아버지의 죽음을 목격한 어린아이의 마음속을 휘저었을 두려움과 공포, 그리고 따돌림을 당하던 어린아이 시절의 소외감과 고독감, 직장에서 쫓겨나 생존의 위협을 느꼈을 막막함과 절망감, 시인이 기억하는 내용들은 이처럼 삶의 과정에서 느낄 수 있는 극단의 고통과 아픔으로 점철되어 있다. 시인이 "그림자들이 펑펑 운다"고 하면서 그 상처를 되새김질하는 현재적 자아의 회한과 서러움을 토로하거나 "그림자들의 눈물이/흘러 흘러/그림자들을//녹인다/녹인다/녹인다"라고 하면서 서러운 기억들이 서로 중첩되면서 얼싸안고 위로하는 모습을 연출하는 것은 아픈 기억에 대해서 스스로 동병상련의 공감과 연민을 발동하는 장면이라고 할 수 있다.

시인은 다른 시편에서도 "상자 속에서 과거와 현재와 미래가 부딪치는 소리/기억과 기억이 부딪치는 소리/맞아 맞아 기억들이 상자 속에서 부딪치고 있는 거야"라고 하면서 수시로 내면에 떠오른 기억들이 서로 갈등하고 충돌하는 양상을 토로한 바 있다. 그러면서 시인은 "그런데 왜 기억이 부딪치면서 괴성이 나지/하이에나의 울부짖음 같기도 하고/쥐들이 씻나락 까먹는 소리 같기도 한/끊임없이 상자를 쪼아대는 소리들"(「상자적 생각」)이라고 하면서 고통스러운 과거의 기억으로 인해 자신의 내면이 병들어가고 있음을 고백하고 있기도 하다. 과거의 기억은 결코 아름다운 추억이 아니라 영혼을 갉아먹는 기제로 작동하는 셈인데, 시인이 왜 시 작품을 통해서 이러한 기억을 토로하고자 하는지를 짐작할 수 있다. 기억에 대한 시 쓰기는 치유와 정화의 의식$_{ritual}$ 행위일 수 있는 것이다. 다음 작품에서 기억은 노이로제처럼 시인을 괴롭히는 것으로 그려지고 있다.

2

 기억력이 후천적으로 월등히 높아지며 나이가 들어감에 따라 증진되는 현상 서번트증후군과는 달리 기억력뿐만이 아니라 이해력, 추리력, 창발력도 뛰어남 원인은 미상이나 교통사고 등 외상 후 전두엽의 뉴런 변화로 두뇌의 능력이 갑자기 증진하는 것 같다는 임상 보고가 있음 초등학교 때 한글도 제대로 익히지 못했던 사람이 교통사고 후 베스트셀러 작가가 되었다는 보고가 뇌과학 분야 학술지 '뉴로케이스' 최근 호에 실리기도 했음

과거의 특정 사건이 재생되기도 하며 그때의 감정까지도 되살아나 자신을 끊임없이 괴롭힌다는 점에서 과잉기억증후군과 유사하지만 이성에 의하여 통제 가능하다는 점에서 차이가 있음 질병으로 분류되지는 않음 종교적 심리적 현상이라는 견해가 있음

3
나는 검은 사막을 걸으며, 모래를 하나하나 세었다 그리고
모양과 색깔을 기록했다 모래알마다

비로소
불안과 불면의 신기루가 사라지기 시작했다
― 「기억감옥」 부분

'기억감옥'이라는 제목 자체가 기억이라는 것이 시인에게 어떻게 작용하는지를 암시하는데, 그것은 헤어나기 어려운 질곡이나 난제처럼 시인의 삶을 지배하고 있음을 시사한다. 주목되는 대목은 "과거의 특정 사건이 재생되기도 하며 그때의 감정까지도 되살아나 자신을 끊임없이 괴롭힌다는 점"이라고 할 수 있으며, 불가항력적인 힘에 의해서 강박관념처럼 기억에 붙들려 있다는 점이다. 과잉기

억증후군처럼 시인은 애써 기억하려고 하지 않지만 그것들이 몰려와서 시인의 의식을 점령함으로써 고통을 야기하고 있음을 고백하고 있기 때문이다. 실제로 서번트증후군이라고 해서 사회성이 떨어지고 의사소통 능력이 낮으며 반복적인 행동 등을 보이는 등 여러 가지 뇌 기능 장애를 가지고 있으나 기억, 암산, 퍼즐이나 음악적인 부분 등 특정한 부분에서 우수한 능력을 가지는 증후군이 있기는 하다. 시인은 이러한 서번트증후군이 아닌가 의심하면서 자신의 기억에 대한 들림 현상을 성찰하는데, 이러한 장면은 과거의 기억이 시인으로서 감당하기에는 매우 가혹하고 혹독한 것이었는지를 암시하고 있다.

시인은 이러한 기억의 고통으로부터 벗어나게 된 과정을 소개하기도 한다. 그것은 "검은 사막"을 걸으며 "모래를 히나하나 세"는 이상한 행동인데, 이러한 과정은 하나의 비유적 표현으로써 기억에 대한 표현의 중요성을 강조한다. '검은 사막'이 기억과 외상이 숨어 있는 거대한 잠재의식, 혹은 무의식의 영역이라고 할 때 거기의 모래를 끄집어내어 세면서 그 "모양과 색깔을 기록"하는 행위는 곧 기억을 제재로 시를 쓰는 과정으로 해석할 수 있다. "모래알마다" 거기에 맞는 "모양과 색깔을 기록"해 주는 것은 각각의 기억을 감싸안고 그것을 달래고 위로하는 과정으로서의 시쓰기라고 할 수 있다는 것이다. 이렇게

될 때 시인에게 시란 하나의 해원解冤을 위한 굿과 같은 의식ritual이 된다. "비로소/불안과 불면의 신기루가 사라지기 시작했다"는 표현이 해원굿과 같은 시인의 시쓰기의 성격을 분명히 해준다.

2. 죽음의 기록, 혹은 아모르파티amor fati

기억이야말로 시인의 가장 강력한 시적 제재라는 것, 그런데 그 기억이라는 것은 감옥처럼 자신을 가두고 괴롭히고 있다는 것, 그래서 시인은 그러한 고통스러운 기억을 언어로 형상화함으로써 불면과 불안의 나날로부터 해방하고자 한다는 것을 알 수 있었다. 기억이 악몽과 같다는 것은 시인의 삶의 과정이 고통과 상처로 점철되어 있다는 것을 의미한다. 시인은 마치 고독한 짐승이 살을 파고드는 상처를 핥으며 고통을 달래는 것처럼 기억을 붙안고 그것을 어르고 달래면서 해원굿을 하듯이 시로 형상화한다. 시인의 기억 가운데 가장 주요한 트라우마를 구성하는 것은 가족의 죽음이지만, 해고의 아픔 또한 그에 못지않다.

해고 통보를 받자 스위치가 내려졌다
안면 회로는 오작동되며 실실 웃어댔고

입에선 모스 부호가 불규칙적으로 튀어나왔다
구급차는 끝내 오지 않았고

안흥항 그믐달이 겨울 찬바람에 몸을 열었다
선술집 30촉짜리 전구는 어둠 속에서 흔들거렸고
소주잔은 빠르게 스파크를 일으켰다
심장 속 오류를 씻어내려 분주했지만
짐승 같은 울부짖음을 토해내다
술상에 고꾸라진 채
화석이 되었다

그해 겨울
어머니는 흑갈색 오줌을 누기 시작했고
스위치는 밤새 온오프를 반복하다
마침내 퍽하고 내려졌다

― 「스위치」 전문

시인은 이 시에 대한 각주로 "1982.12.31. 신군부 독재 정권에 의해 국방과학연구소(ADD) 연구원 팔백여 명은 들풀처럼 쓰러졌다."는 내용을 제시하고 있다. 이 시는 시인이 국방과학연구소의 연구원으로 근무하다가 해고된 경험을 시화하고 있는 셈이다. 시적 공간을 가득 덮고 있는 표현들이 내포하는 심상은 오류와 혼란, 기괴함과 섬뜩함을 나타내는 이미지들이다. 내려지는 스위치, 오작동되는 안면 근육, 입에서 흘러나오는 모스 부호 등의 이미지들이 해고로 인해 엉망진창이 되어버린 시인의 의식 상태와 세계의 혼란상을 반영한다. 또한 스파크를 일으키는 소주잔, 그리고 "짐승 같은 울부짖음", "술상에 고꾸라진 채" 굳어버린 "화석"의 이미지 등은 해고라는 사건이 한 사람에게 어떤 파급효과와 영향력을 행사하는지를 보여준다.

주목되는 것은 어머니에게 미치는 영향인데, "그해 겨울/어머니는 흑갈색 오줌을 누기 시작했"다는 표현은 해고의 충격과 파장이 당사자에 그치지 않고 가족 전체에 미칠 수 있음을 시사한다. 하지만 이 시에서 가장 중요한 이미지는 "스위치"의 이미지라고 할 수 있다. "해고 통지를 받자 스위치가 내려졌다"는 표현을 비롯하여 다양한 스위치의 이미지가 등장한다. "소주잔은 빠르게 스파크를 일으켰다"라든가 "스위치는 밤새 온오프를 반복하다/마침내 퍽하고 내려졌다"는 표현들이 모두 스위치의 이미지를 담고 있는데, 한결같이 비정상적인 행태를 보이고 있다. 스위치라는 것이 전기가 들어오게 하는 도구이며, 그래서 한 사회인이 살아갈 수 있는 에너지에 대한 은유라고 한다면, 스위치에 스파크가 일어나고 내려지는 등의 현상에 대한 함의는 쉽사리 짐작할 수 있다. 그러나 시인에게 무엇보다 충격적인 것은 가족의 죽음일 것이다.

　　기억은 울부짖었다
　　사라진 계절을 향해

　　열아홉 누이가 동네 총각과 연애하여 시집간 지 일 년 만에 저 생으로 갔다 아이를 낳다 간 것이다 초등학교만 나온 누이가 훈민정음처럼 관 속에 누웠다 조카는 눈도 뜨기 전에 엄마를 뒤따라갔다 누이가 간 지 며칠 후 큰 싸움이 났다 누이 시집갈 때 가지고 간 농지기를 아버지가 다시 가져오려 하자 사돈네가 가로막고 나선 것이다 가지고 온 혼수품을 죽은 며느리로 생각하며 평생 간직하려는데 왜 가져가느냐는 거다 몇 달 후 동네에 소문이 돌았다 죽은 갓난아이와 함께 묻어 준 누이 부덤에 큰 구멍이 났는데 누이가 오밤중에 아이를 업고 나와 시집 문 앞에서 남편과 놀다 간다는 것이다 그 후,

　　엄마는 누이 무덤가를
　　밤낮으로 배회했다

　　　　　　　　　　　　－「서정시 애가」 전문

비극적인 죽음의 기억이 펼쳐지고 있다. 19살의 누이가

시집간 지 일 년 만에 출산을 하다 죽고, 아이마저 죽었다는 것, 사람들은 요절을 한 엄마와 아이의 혼이 한(恨)으로 인해서 저승으로 가지 못하고 이승을 배회하고 있는 것으로 상정한다는 것, 그리고 딸의 엄마 또한 실성한 것처럼 누이의 무덤가를 배회했다는 등의 과거의 사실들이 기억의 회로를 통해서 풀려나오고 있다. 이유를 불문하고 모든 죽음이 가슴 아프고 고통스럽지 않은 것은 아니지만, 이 시에 등장하는 죽음이 특히 그러한 것은 갓 스무 살이 된 누이와 갓 태어난 아이의 죽음이기 때문이다. 이러한 죽음에 대한 살아남은 사람들의 안타까운 마음과 애처로운 심정은 "죽은 갓난아이와 함께 묻어 준 누이 무덤에 큰 구멍이 났는데 누이가 오밤중에 아이를 업고 나와 시집 문 앞에서 남편과 놀다 간다"는 소문으로 구체화된다. 죽은 누이와 갓난아이의 회한과 한탄의 억울한 심정을 살아남은 사람들이 대신 표현해주고 있는 셈이다. 이러한 회한과 원망스러움의 정서는 "누이 무덤가를/밤낮으로 배회"하는 엄마의 것이기도 하다. 따라서 이 시의 시적 공간에서 누이와 갓난아이의 한을 비롯해서 딸과 손자를 일찍 보낸 엄마의 회한, 그리고 그러한 모든 것을 지켜보는 시적 화자의 심정들이 호수에 떨어진 물방울들이 일으키는 파동처럼 퍼져나가며 서로 부딪치고 중첩되면서 파동을 일으키고 있다. 누이의 죽음만큼이나 충격적인 것은 동생의 죽음이다.

    세 살배기 동생이 저세상으로 떠났습니다

    홍역으로 갔습니다 읍내 약국에서 페니실린 한 방 맞으면 살았을 텐데 주삿값이 없어서 그냥 보냈습니다 그날 오후 여섯 살배기 나는 엄마한테 동네에 들어온 뻥튀기 행상에게 튀밥 튀겨 달라고 울며 떼를 썼습니다 엄마는 죽은 놈은 죽은 놈이고 산 놈은 산 놈이라고 독을 박박 긁어서 튀겨 주었습니다 동네 사람들은 자식 보내고서 튀밥 튀겨 간다고 수군거렸습니다 엄마는 울지 않았습니다 자식들 네 명을 먼저 보내느라 눈물이 고갈된 것입니다 큰형님은 아버지를 대신하여 동생을 포대기에 싸서 옹기 항아리에 담았습니다 해가 질 무렵 항아리를 지게에 지고 혼자서 구석뜸 뒷산으로 묻으러 갔습니다 나는 울타리 너머로 멀어져 가는 형님과 지게와 항아리를 보면서 울었습니다 그날 밤 동생 배냇저고리를 꺼내 냄새를 맡던

    엄마는 번갈아가며 가슴과 방바닥을 쳐댔습니다

                                         - 「화석化石」 전문

페니실린이라는 항생제를 맞을 주삿값이 없어서 홍역으

로 세 살배기 동생이 죽었다는 것도 비극적인 사건임에는 분명하지만, 더욱 충격적인 것은 시적 공간을 덮고 있는 일상화된 죽음의 모습이다. 그러니까 죽음이 너무 흔한 풍경이어서 독자적인 죽음으로 존중받아야 할 죽음이 상투적인 죽음으로 전락하고 있다는 점이다. "죽은 놈은 죽은 놈이고 산 놈은 산 놈이라고"라는 어머니의 독백이라든가 "자식들 네 명을 먼저 보내느라 눈물이 고갈된 것입니다"라는 구절에 담겨 있는 죽음의 일상화는 시인의 기억의 공간이 얼마나 황량하고 황폐화된 것인지를 여실히 보여주고 있다.

그러나 아무리 죽음이 일상화되었다고 해서 죽음에서 오는 충격과 고통이 무뎌지는 것은 아니다. 자식의 죽음을 목격한 어머니가 "그날 밤 동생 배냇저고리를 꺼내 냄새를 맡"는 장면이라든가 "번갈아가며 가슴과 방바닥을 쳐"대는 모습 등은 그러한 사건이 엄마의 마음속에 일으킨 해일과 같은 충격과 그로 인한 외상의 강도를 가늠할 수 있게 한다. 무엇보다 세 살배기 동생이 죽었을 때 여섯 살배기였던 시적 화자가 "엄마한테 동네에 들어온 뻥튀기 행상에게 튀밥 튀겨 달라고 울며 떼를" 쓰는 것과 같은 상황에 어울리지 않는 행위를 했음에도 불구하고, 그러한 사건에 대해 "화석話石"이라고 명명하고 있는 대목에 주목할 필요가 있다. '화석話石'이라는 시어는 시인이 만들어낸 신조어인데, '화석처럼 박혀 있는 이야기' 정도로 해석할 수 있을 듯하다. 동생의 죽음과 관련된 사건이 지층의 화석처럼 시인의 마음속에 잊혀지지 않는 이야기로 박혀 있다는 것은 그만큼 그 사건이 지워질 수 없는 트라우마로 남겨져 있다는 말이 된다. 그러한 충격을 시인은 다른 시편에서 "그해 가을/해가 질 무렵/요때기에 싸인 죽은 동생이/담긴 항아리를 지게에 지고/구석뜸 너머로 큰형님의 걸어가던 모습/영화처럼 선명하네"(「편지 1」)라고 다시금 되새기도 있기도 하다. 그러나 시인에게 가장 큰 죽음은 아버지의 죽음일 것이다.

> 그해 7월
> 아버지를 읍내 버스정류장에서 시오리 떨어진 집까지
> 큰형님과 어머니가 소날구지에 싣고 왔다
> 뼈만 남은 아버지를 보고 어머니는 눈물을 흘렸고
> 동네 분들은 수군거렸다 어찌 저 몸으로 지금껏 행상을 했을까
> 독한 양반여,
> 며칠 후 치료를 위한 굿판이 밤새워 벌어졌다
> 부엌에서는 박수무당이 징을 둥둥둥 치며 경을 읽었고
> 큰방 아랫목에는 아버지가 극한 통증의 긴 밤을 지고서 누워 있었다

윗방에선 어머니가 연신 두 손을 비비며 대주의 쾌차를 빌고

옆에서 막내아들은 세상모르게 자고 있었다

다음날 해 질 무렵

마지막으로 담배 한 대를 피우고 싶다는

아버지 말에 어머니가 담뱃불을 붙여 주자

눈물 한 방울을 흘리며

길고 고단한 삶을 짧게 요약했다

동네 사람들이 몰려왔고

아저씨 한 분이 지붕에 올라가

아버지의 흰 저고리를 휘휘 돌리며

죽음을 고했다

사립문 앞에는 사잣밥이 차려졌다

동네 사람들이 북적대자

막내는 집안 잔치를 하는 줄 알고

신명이 나서 뛰어다녔다

저 어린 것을 두고 가다니

할머니 한 분이 혀를 찼다

12년 후 명문대에 입학한 막내는

서랍 속에서 초등학교 1학년 때의 구겨진 통신표를 발견했다

표정이 어두운 지진아, 가능성이 안 보임

― 「아모르파티amor fati」 전문

  이 시는 죽음도 죽음이지만, 아버지의 한스러운 일생이 짧게 요약된 행장기의 모습을 보여주고 있기도 한다. 행상으로 한 평생 고생하다가 뼈만 남은 병자가 되어 "소달구지에" 실려 왔다는 것, 집에서는 마지막으로 지푸라기라도 잡는 심정으로 굿을 했지만, 아버지는 이승에서 담배 한 대를 피우고 돌아가셨다는 것, 초혼 의식이 행해지고 사잣밥이 차려졌지만, 화자는 "동네 사람들이 북적대자" "집안 잔치를 하는 줄 알고/신명이 나서 뛰어다녔다"는 것 등의 에피소드들이 간략하게 소개되고 있다. 주목되는 점은 "12년 후 명문대학에 입학한 막내는/서랍 속에서 초등학교 1학년 때의 구겨진 통신표를 발견했다//표정이 어두운 지진아, 가능성이 안 보임"이라는 구절인데, 이러한 표현 속에는 시적 화자가 감내했어야 할 가공할 충격과 트라우마의 상흔이 고스란히 녹아 있다. 아버지의 죽음에 대한 충격으로 시적 화자는 지능의 성장이 멈추어 버리는 듯한 심각한 정신적 질환에 시달리게 된 것이다.

  그런데 그럼에도 불구하고 시인은 이러한 아버지의 죽음과 자신의 정신적 혼란을 그리면서도 이 시에 대해서 "아모르 파티amor fati"라는 제목을 붙이고, 부제로 "아모르파티 네 운명을 사랑하라"는 니체의 잠언을 제시하고 있어서 이채롭다. 니체의 운명애運命愛, amor fati란 삶이 만족스럽지 않거나 힘들더라도 자신의 운명을 받아들여야 한다는 의미이다. 그리고 운명을 받아들인다는 것은 자신에게 주어지는 고난과 어려움 등에 굴복하거나 체념하는 것과 같은 수동적인 태도를 뜻하는 것이 아니라 자신의 삶에서 일어나는 고난과 어려움까지도 받아들이는 적극적인 방식의 삶의 태도를 의미한다. 아모르파티는 특정한 시간이나 사건에 대한 순간적인 만족이나 긍정을 의미하는 것이 아니라, 삶 전체와 세상에 대한 긍정을 통해 허무를 극복하는 것을 의미하는 것이다. 시인은 파란만장한 아버지의 일생과 죽음, 그리고 그 충격을 딛고 일어나 새로운 삶을 일군 자신의 삶을 돌아보면서 운명애라는 인생관의 위대함을 음미하고 있는지도 모른다.

3. 아모르파티 이후의 세계, 혹은 메멘토 모리 memento mori

시인의 삶은 기억이 잠식하고 있는데, 그 기억이라는 것은 악몽이나 강박관념과도 같이 시인을 집요하게 붙들고 있다는 것, 그리고 그 기억의 주된 내용은 가족들의 죽음으로 채워져 있다는 것을 살펴보았다. 기억을 가득 채우고 있는 죽음은 모두 충격과 공포의 정동을 야기하고 하나의 트라우마로 작용하면서 시인의 마음에 각인되어 있었다. 그런데 주목할 것은 그처럼 시인의 기억을 가득 채우고 있는 죽음의 편재성에도 불구하고 시인은 운명애를 노래하면서 세상과 삶에 대해 긍정하면서 궁핍한 삶에서나마 의미와 가치를 발견하려고 한다는 점이다. 그렇다면 자신의 운명을 받아들이고 삶을 긍정한다는 것은 어떤 삶을 사는 것일까? 그것은 역설적으로 죽음을 잊지 않고 그것을 안고 살아가는 것일지도 모른다.

깨어보니 여전히 호스피스 병동이었다
식은땀이 흥건했다
곁에는 가족이 존재했다
다시 혼수상태로 들어갔다
흰옷 입은 아버지가 나타났다
손을 내밀며 가자 했다
4분의 시간을 허락받았다

먼저 1분은 가족과 작별을 고했다
아내에게 엉뚱한 질문을 던졌다
내가 한 번이라도 당신을 위해 존재했던 적이 있었던가요
내 그림자까지 사랑했던 당신의 흐느낌마저 외면했던 나

너무 늦은 고백인가요

또 다른 1분은 지나온 삶을 되돌아봤다
일곱 살 때 초등학교 입학식
아버지가 흰 두루마기를 입고 운동장 한 켠에 서 있고
옆에는 어머니가 옥양목 치마 적삼을 입고 웃고 있다

또 다른 1분은 앞으로의 나를 상상해 본다
어떤 존재로 변해 있을까
생명체일까
비물질적일까
어디에 존재할까

병상 너머 태양 빛을 반사하는 교회 종탑을 응시한다
저 빛이야말로 나의 새로운 존재일까

나머지 1분은 주변을 돌아보았다

내 존재의 잉여들
아들, 며느리 그리고 나의 기쁨 손주들의 손을 보았다

너머에 빗물에 젖은 단풍잎 하나가 자유낙하 한다

눈이 감긴다

죽음이 서서히 눈을 뜬다 드디어

삶의 바깥으로 걸어 들어간다

　　　　　　　　－「메멘토 모리memento mori」 전문

　이 시는 마르틴 하이데거가 『존재와 시간』이라는 주저에서 말한 현존재現存在, Dasein의 존재 양상, 즉 세계-내-존재로서의 현존재가 세계에 피투되어 있다는 것, 그러니까 죽음과 같은 세계의 무의미성에 노출되어 있는 불안의 존재라는 것을 자각하고, 기투를 통해서 그러한 무無와 같은 죽음을 수용하면서 새로운 존재의 가능성을 타진하는 양상을 보이고 있다. 세인世人처럼 잡담과 같은 것으로 인생을 탕진하지 않고 새로운 존재의 가능성을 타진한다는 것은 곧 세네카의 명제인 메멘토 모리memento mori, 모든 인생의 마지막은 죽음이라는 것을 생각하고 경거망동하면서 인생을 낭비하지 않고 한 번뿐인 생을 겸허한 태도로 존중하면서 소중히 여기며 살아가는 것을 의미한다. 따라서 이 시에서 자신의 미래의 죽음을 상정해 보는 것은 바로 남아 있는 삶의 가치를 가늠하기 위한 시도이기도 한 셈이다.

　실제로 가상적 죽음을 체험하는 시적 화자가 확인하는 것은 인생의 다양한 국면에 배어 있는 가치와 의미라고 할 수 있다. 자신의 주변에 배경처럼 존재하는 가족들, 그리고 자신의 "지나온 삶"을 고스란히 담고 있는 기억들, "아들, 며느리, 그리고 나의 기쁨"인 "손주들"이라는 "내 존재의 잉여들", 이러한 모든 것들은 시적 화자에게 소중하고 가치 있는 영역들이다. 시적 화자가 인생의 종국적 국면으로서 죽음을 상정하자 자신의 주변에 있는 이러한 의미와 가치들이 선명하게 부각되어 오는 것이다. 물론 메멘토 모리라는 사건에는 "내가 한 번이라도 당신을 위해 존재했던 적이 있었던가요"라고 아내에게 물어보는 것과 같은 자기반성과 성찰의 계기도 포함되어 있다. 과연 자신의 삶이 타자와 더불어 살만한 가치가 있었던가 하는 자신의 존재 의의에 대한 반성이 함축되어 있는 것이다.

항상 인생의 종국에 죽음이 있다는 것을 잊지 않고, 자신에게 다가오는 운명을 사랑하는 삶이 시인이 추구하는 삶이라고 할 때, 그러한 삶의 형식 속에는 "잃어버리고 나서야 존재의 무게를 알아가는 것"(「보내고 나서야」)과 같은 깨달음의 내용이 포함된다. 또한 "소멸과 신생은 시간이 만든 최고의 발명품일 거라는 생각이 들었다/두 개의 방향을 나는 애써 읽어내는 중이다"(「시간을 걷다」)라는 표현에 담겨 있는 것과 같은 시간에 대한 음미, 혹은 시간이라는 존재의 배경에 대한 근원적 사유와 성찰이 포함될 것이다. 죽음과 운명을 기억한다는 것은 시간의 함수에 대한 사유와 그에 대한 적절한 인생론적 대처가 필수적으로 요청되기 때문이다.

그러나 무엇보다 운명애를 수용하고 메멘토 모리의 잠언을 삶의 준칙으로 받아들인다는 것은 적극적이고 능동적으로 자신의 삶을 미래를 향해 기투한다는 것을 의미한다. 이 시집의 4부에 실려 있는 인공지능 시대의 미래상을 그려보는 작업들이 그러한 미래를 향한 기투라고 할 수 있을 것이다. 죽음을 기억한다는 것이 결코 수동적이고 체념적인 삶의 태도를 견지한다는 것이 아니라고 할 때, 그것은 미래를 미리 당겨서 현재화하려는 시도라고 할 수 있으며, 그러한 점에서 인공지능의 미래상은 바로 그러한 기투에 해당되는 셈이다. 마지막으로 시인이 상정하는 미래의 모습을 살펴보자.

> 무얼 먹을까 걱정하지 마세요
> 당신의 피부에는 DNA 조작으로 엽록소가 이식되어 광합성을 할 수 있으니까요
> 소화기관이 퇴화할까 염려하지 마세요
> AI가 자동으로 관리해 주니까요
> 스트레스가 없어서 걱정이라고요
> 당신의 머리에 이식된 칩이 자동 감지하여 적당한 스트레스를 공급해 준답니다

기분의 업다운과 희로애락의 세팅은 기본 장착됩니다

(…중략…)

DNA 맞춤형 아들딸을 10일 내

택배로 받아볼 수 있답니다

스펙과 맞지 않는 자녀가 배달되었다면

언제라도 AS를 받을 수 있으며 10년 내라면 무상 수리
랍니다

그래도 금요일 밤엔 애인은 필요하다고요

맞춤형 로봇 서비스가 상시 대기 중입니다

죽을까 걱정이라고요

당신의 저장된 정보로 언제든 재부팅 할 수 있습니다

그래도 당신의 기도를 들어줄 신은 필요하다고요

아니요 당신은 이미 전지전능한 위치에 있습니다

그런데 오늘 여기에 있는 나는 누구일까요

나의 나일까요

당신의 당신일까요

당신의 나일까요

나는 어디 가서 찾아와야 할까요

— 「디스토피아」 부분

시인이 그리는 인공지능과 정보기술이 지배하는 미래상

은 암울한 묵시록적인 색채로 채색된다. 그런데 유토피아의 반대 개념으로서 부정적인 암흑의 세계를 지칭하는 '디스토피아'로 규정되는 미래 사회란 사실 아무것도 걱정할 것이 없는 완벽한 세계이다. 먹을 것을 걱정할 필요가 없다는 것, 그리고 "이식된 칩"을 통해서 심리적 평정이라든가 지루함까지 관리해준다는 것, 기분과 희로애락과 같은 감정의 조절까지 AI가 자동으로 관리해준다는 미래 사회는 그야말로 끔찍한 사회가 아닐 수 없다. 유한한 인간이 지닐 수 있는 우연성과 가능성, 혹은 잠재성과 창조성이 모두 소멸된 세계이기 때문이다.

또한 시인은 출산과 관련해서 "DNA 맞춤형 아들딸을 10일 내/택배로 받아볼 수 있"다고 예측하면서 그것이 물품처럼 취급되기에 "언제라도 AS를 받을 수 있으며 10년 내라면 무상 수리"가 될 것이라 상상한다. 그리고 애인이 필요할 때, 맞춤형 로봇 서비스가 상시 대기 중"이며, 저장된 정보로 언제든 재부팅 할 수 있기에 죽을 염려가 없을 것이라고 예상한다. 시인이 상상하는 이러한 미래상이 디스토피아임에는 틀림없을 것이다. 상상이 현실이 된다면 그 세계는 가족이라든가 애인, 그리고 직장과 같은 공동체라든가 사회적 관계가 형성될 수 없으며, 타자와 관계를 통해서 나양한 정념을 형성할 수 없다고 할 때 사회적 존재로서의 인간의 정체성은 심각한 위기에 직면할 것이기 때문이다. 시인이 시의 마지막 대목에서 "나는 누구일까요/나의 나일까요/당신의 당신일까요/나는 어디 가서 찾아와야 할까요"라고 항변하는 것은 바로 이러한 이유 때문이다.

이 시에서 가장 주목되는 것은 인공지능을 비롯한 제4차 산업혁명이 초래할 미래상에 대해 부정적인 측면을 전경화하고 있다는 점이다. 지금 우리 사회는 각 분야에 초래될 인공지능의 미래상에 대한 연구가 활발히 진행되고 있는데, 대부분 그 밝은 면에 치중하고 있다. 물론 인간 능력의 왜소화와 노동시장의 변화와 관련하여 비판적인 시각이 없는 것은 아니지만, 대체로 인공지능의 발전이 가져올 긍정적인 미래상을 상상하고 있다. 그런데 시인은 이처럼 우리가 직면한 미래가 완벽한 세상이 되고, 인간이 전지전능한 신의 위치에 오름으로써 역설적으로 혼돈과 파국의 디스토피아를 맞을 수 있다고 경고한다. 다가올 미래를 미리 당겨서 그것이 초래할 어두운 그림자를 비판하고 부정하는 것, 그리고 성찰하고 반성하는 것이야말로 운명애를 수용하고 메멘토 모리를 실천하는 진정한 모습일지도 모른다.

지금까지 이정원 시인의 첫 시집의 시의식과 시적 사유의 전개 과정을 살펴보았다. 가혹한 운명의 장난에 휩쓸린 삶과 그것을 담고 있는 기억의 과잉으로 괴로웠던 삶,

그리고 수많은 죽음으로 점철된 기억으로 인한 상처와 트라우마가 시인의 자서전적 시의 공간을 지배하고 있었다. 하지만 그처럼 팔고의 고통으로 일그러진 삶은 극적으로 비상하여 운명애와 메멘토 모리의 인생관으로 성숙하고, 삶에 대한 새로운 관점은 그동안 시인을 괴롭혔던 죽음을 새로운 삶의 에너지로 바꾸는 드라마를 연출하고 있었다. 즉 무수한 죽음을 넘어서 자신의 죽음을 미리 당겨 체험함으로써 삶의 의미와 가치를 재인식하고 적극적이고 능동적으로 미래의 삶을 향해 기투할 수 있게 된 것이다. 이러한 변증법적 고양의 삶, 혹은 극적 반전과 비상의 형식은 시인의 삶의 영역에서 이루어진 것이기도 하지만, 또한 그것을 성찰하고 반성하는 시적인 작업의 승리이기도 할 것이다.

상상인 시인선 *060*

아모르
파티

지은이 이정원

초판인쇄 2024년 9월 6일 **초판발행** 2024년 9월 13일

펴낸곳 도서출판 상상인 **편집주간** 황정산 **펴낸이** 진혜진

표지디자인 최혜원 **기획·마케팅** 전은빈 최유림 노혜림 정현수

책임교정 종이시계 **편집** 세종PNP

등록번호 제572-96-00959호 **등록일자** 2019년 6월 25일

주소 06621 서울시 서초구 서초대로74길 29, 904호

전화번호 02-747-1367, 010-7371-1871

팩스 02-747-1877 **전자우편** ssaangin@hanmail.net

ISBN 979-11-93093-63-4 (03810)

값 12,000원

* 이 책은 경기도, 경기도문화재단의 창작지원금으로 발간되었습니다.

* 이 책은 전부 또는 일부 내용을 재사용하려면 반드시 저작권자와 도서출판 상상인의 동의를 받아야 합니다.

* 이 도서의 국립중앙도서관 출판시도서목록(CIP)은 서지정보유통지원시스템 홈페이지(http://seoji.nl.go.kr)와 국가자료공동목록시스템(http://www.nl.go.kr/kolisnet)에서 이용하실 수 있습니다.